金牌面试官
之校园招聘

精准识人与高效选拔的实操手册

单锋 著

The Selection Skills of Campus Recruitment

机械工业出版社
CHINA MACHINE PRESS

图书在版编目（CIP）数据

金牌面试官之校园招聘：精准识人与高效选拔的实操手册 / 单锋著. -- 北京：机械工业出版社，2025.5. -- ISBN 978-7-111-78279-7

I. F272.92-62

中国国家版本馆 CIP 数据核字第 2025S9A386 号

机械工业出版社（北京市百万庄大街 22 号　邮政编码 100037）
策划编辑：白　婕　　　　　　　　责任编辑：白　婕　王　芹
责任校对：甘慧彤　王小童　景　飞　责任印制：李　昂
涿州市京南印刷厂印刷
2025 年 6 月第 1 版第 1 次印刷
170mm×230mm・14.25 印张・1 插页・133 千字
标准书号：ISBN 978-7-111-78279-7
定价：69.00 元

电话服务　　　　　　　　网络服务
客服电话：010-88361066　机　工　官　网：www.cmpbook.com
　　　　　010-88379833　机　工　官　博：weibo.com/cmp1952
　　　　　010-68326294　金　书　网：www.golden-book.com
封底无防伪标均为盗版　机工教育服务网：www.cmpedu.com

内容简介

这是一本详细阐述校园招聘方法、工具和经验的书。撰写本书的目的有两个：第一，总结并分享2014年至今作者在讲授"金牌面试官"课程中所积累的经验；第二，提升企业面试官在校园招聘中的识人能力和工作效率。

本书共四章：

第一章，概述校园招聘面试方法。

第二章，介绍校园招聘的常见面试场景、技巧及误区。

第三章，分享企业校园招聘经验。

第四章，讲述如何成为专业的金牌面试官。

本书适合以下三类读者阅读：

第一类，参与校园招聘的面试官，包括人力资源部门的面试官和用人部门的面试官。

第二类，在各行业从事人力资源工作，尤其是负责或者参与招聘和面试工作的人士。

第三类，在校主修人力资源专业的大学生，以及有志于从事人力资源工作的求职者。

FOREWORD
推荐序

本书解决了校园招聘中的两大难题。

第一大难题是标准难统一。面试官在提问时，没有统一的问题，也没有统一的评分标准，这可能导致被张三评定为"优秀"的候选人，再由李四面试时，变成了"不合格"的候选人。本书不仅围绕胜任能力设置了统一的面试问题，还明确了每一个面试问题的评分标准，从而实现了面试标准的统一。

第二大难题是绩效难预测。人们在描述能力时常用集合概念，例如执行力、责任心，但具体什么是执行力、责任心，人们往往有不同的理解。本书把工作所需的抽象的能力，转换为具体的情境行为，让绩效预测更易进行。例如，把执行力定义为"接收指令后，立即投入行动"，这样一来，就把模糊的集合概念变成了可以描述、可以衡量的情境行为。

读完本书，我想到的第一个人是淳于意。此人复姓淳于，名意，他是《史记》里面记载的一个医生。淳于意有记账的习惯，每次看完病他都会把病人的症状、自述、脉象，以及他的诊断和治疗过程记录下来。淳于意把这些记录叫作"诊籍"。诊籍是中国历史上最早的病历。因为坚持写病历，淳于意从众多医生当中脱颖而出。和淳于意同时代的医生，他们看过的病人的数量不比淳于意少，对待病人也非常认真负责，但他们大多不写病历，因此错过了自我反省和持续改善的机会。

践行一种行为，收获一种习惯；养成一种习惯，收获一种命运。淳于意凭借写病历的习惯，命中注定成为医学专家。

本书的作者单锋是我曾经的同事，我们都在咨询公司工作。单锋有一个习惯，每次给企业做完面试咨询，他都会详细记录服务的过程。他还会回访企业，了解面试的信度和效度。因为这个习惯，单锋成了面试专家。

本书让我想到的第二个人是华佗。他把自己平时锻炼身体的养生操记录下来，写成口诀，即"五禽戏"。华佗的学生，照着五禽戏锻炼身体，身强体壮、健康长寿。华佗发明五禽戏，不是一蹴而就的，他坚持不懈地调整细节，力求达到最佳的锻炼效果。除了发明五禽戏，华佗还有其他一系列成果。获得那些成果的原因，都可以追溯到华佗做事的两个特点：一是躬身入局；二是日拱一卒。

单锋做面试咨询，也有这两个特点。他不会坐在象牙塔里空想，而是会投身真实的面试场景，对细节进行全方位的优化。

本书还让我想到了导航仪。导航仪的背后，有很多套支持系统，如卫星定位、数字地图、语音播报等。本书的背后，也有好几套支持系统，如心理学、管理学、组织行为学等。本书把复杂的甄选测试过程，细化为面试中的具体操作步骤，让面试官一看就懂、即学即用。

如果要用一句话来描述本书，我会说："它可以让你像掌握导航仪一样学会面试技巧。"本书非常优秀，不仅能够减轻面试官的学习负担，还能够显著地提高面试的信度和效度。

刘向明

面试心理学专家、管理学者

著有《超级面试官》

目 录

内容简介
推荐序

第 1 章　校园招聘面试方法概述
  1.1　结构化面试法　/ 2
  1.2　行为面试法和 STAR 面试法　/ 8

第 2 章　校园招聘的常见面试场景、技巧及误区
  2.1　考查自驱力的面试场景　/ 26
  2.2　考查执行力的面试场景　/ 32
  2.3　考查责任心的面试场景　/ 41
  2.4　考查学习能力的面试场景　/ 47
  2.5　考查团队合作能力的面试场景　/ 54
  2.6　考查沟通能力的面试场景　/ 62

2.7 考查协调能力的面试场景 / 67

2.8 考查抗挫力的面试场景 / 73

2.9 考查吃苦耐劳特质的面试场景 / 80

2.10 考查严谨细致特质的面试场景 / 86

2.11 考查自我认知能力的面试场景 / 91

2.12 考查服务意识的面试场景 / 99

2.13 考查应变能力的面试场景 / 106

2.14 考查阳光心态的面试场景 / 114

2.15 考查求职动机的面试场景 / 120

2.16 群体面试之无领导小组讨论面试场景 / 128

2.17 面试开场和面试结束的话术 / 134

2.18 错误的提问方式之引导式提问 / 139

2.19 错误的提问方式之假设式提问 / 145

2.20 校园招聘的行为面试法技巧应用 / 148

第 3 章 企业校园招聘经验分享

3.1 名企校园招聘面试评分表 / 160

3.2 基于面试评分表的面试问题库 / 173

3.3 面试官资格认证及项目案例 / 197

第 4 章 成为专业的金牌面试官

4.1 面试官胜任能力模型 / 208

4.2 规范面试官的行为 / 215

4.3 面试官的自我修炼 / 218

CHAPTER 1
第 1 章

校园招聘面试方法概述

在校园招聘中，笔试成绩符合要求的求职者进入面试环节后，通常情况下，企业会采用哪些面试方法呢？

如果进入面试环节的求职者人数比较多，企业可能会采用群体面试的方式，如无领导小组讨论。但本章不涉及无领导小组讨论面试的内容，而是重点讲解结构化面试法、行为面试法和STAR面试法。

1.1 结构化面试法

本节详细讲解关于结构化面试法的理论知识，并举例说明采用结构化面试法的意义。

1.1.1 结构化面试法的定义

为了避免在面试过程中出现混乱或者误判，企业专门设计了面试问题库，并严格要求面试官按照统一的方式进行面试，这种面试方法就是结构化面试法（Structured Interview）。

结构化面试法，是基于某个岗位的用人要求或者面试评分表的评价维度，对求职者采用统一的、标准的和有针对性的提问方式的面试方法。使用结构化面试法时需要注意两点：首先，面试官提问的问题应几乎全部来自事先准备好的面试问题库，不可以随意提问；其次，面试官提问的顺序不能变，即先问什么，再问什么，最后问什么，都是事先安排好的，不能轻易改变。

1.1.2 为何采用结构化面试法

结构化面试规范了面试官的提问方式，避免面试官带有个人主观色彩或者漫无目的地提问。采用这种面试方法的目的是：通过统一的、标准的和有针对性的提问方式，对众多求职者进行客观比较，从而得出较为精准的面试评价。

1.1.3 结构化面试法应用举例

结构化面试法已经被很多企业广泛应用，接下来举例说明采用结构化面试法的意义。

案例一：考查学习能力的结构化面试（校园招聘）

在校园招聘中，面试官在考查求职者的学习能力时通常应从哪些方面入手呢？有的面试官会重点考查求职者在校的学习成绩，有的会重点考查求职者在实习工作中的自学能力，有的会重点考查求职者的比赛获奖情况或者参加课题项目的情况，还有的会从求职者所学专业和阅读习惯的角度进行考查……以上都对，但是要实现对众多求职者的客观比较，从而做出精准的面试评价，还需要采用结构化面试法。

什么是学习能力？学习能力包含两种能力：第一种是"学"

的能力，即对所学知识的记忆和理解能力，比如能记住多少知识，听懂多少内容，等等；第二种是"习"的能力，即将所学知识加以应用和实践的能力。因此，面试官在考查求职者学习能力的时候，不但要考查他们在校的学习情况，还要考查他们的实践能力，尤其是在实习工作中解决具体问题的能力。校园招聘考查学习能力的结构化面试方法如表1-1所示。

表1-1 校园招聘考查学习能力的结构化面试方法

考查项	具体能力	面试问题
学	对所学知识的记忆和理解的能力	你所学的专业课都有哪些 你的××专业课的考试成绩如何 你的学习成绩在班里和年级的排名如何 为了提升你的学习成绩，在校期间你是如何学习的 除了教科书，在校期间你还阅读了哪些与专业相关的图书？从中有哪些学习上的收获？请举例
习	将所学知识加以应用和实践的能力	请分享在校期间或者实习期间，你通过主动学习解决一个有挑战性的问题或者工作难题的事例 首先，具体说说为了解决难题，你学习了哪些新知识 其次，具体说说你是如何运用所学知识解决难题的

借助表1-1，面试官可以先从"学"的角度提问，再从"习"的角度提问。这样做的好处首先是避免漫无目的地随机提问，从而

大大节约面试时间；其次是采用统一和标准的提问方式有助于对众多求职者的学习能力进行客观比较，从而做出较为精准的评价。

这是考查学习能力的结构化面试方法，考查其他能力也可以如法炮制，比如执行力、团队合作能力、抗压能力、创新能力等。

能否针对一个具体的岗位设计结构化面试呢？答案是可以的，参考案例二。

案例二：某药企社会招聘岗位的结构化面试问题库

某药企正在进行社会招聘的岗位是医学经理。这个岗位需要求职者具备一定的专业能力，同时还要具备一些通用能力。在该岗位招聘的时候，为了确保高效且精准地选拔出合适的人才，用人部门和人力资源部门协同配合确定了医学经理岗位的结构化面试问题库，如表 1-2 所示。

表 1-2 医学经理岗位结构化面试问题库

考查项		面试问题或要求
专业能力	文献检索与阅读能力	1. 请列举既快又准地完成文献检索的工作经历 ● 为了既全面又精准地检索文献，你使用过哪些数据库 ● 这些数据库有什么区别 ● 如何使用 PubMed 进行信息搜集？请举例 2. 是否使用过其他的检索工具 ● 如果使用过，有哪些检索工具 ● 你是如何学会使用这些工具的？请举例 ● 哪个检索工具你掌握得最熟练？ ● 在文献检索方面有哪些技巧、经验或者心得体会

(续)

考查项		面试问题或要求
专业能力	医学项目管理能力	1. 是否完整地管理过一个临床研究项目 ● 如果是，具体说说项目的整个过程（包括前期、中期、后期），并请举例说明 ● 你认为影响临床试验进度的主要是哪些环节 ● 这些环节都容易出现哪些问题，以致影响进度 ● 举几个你处理这些问题的实例 2. 如果你未完整参与过一个临床研究项目，那么当时参与了哪些环节或者哪个阶段 ● 具体说说你都做了什么 ● 参与了哪些临床试验环节 ● 在项目中主要负责做什么
	医学研究规划能力	1. 你是否了解产品医学研究规划 2. 你是否参与过产品医学研究规划项目？如果参与过，请举例 ● 请介绍过往工作中比较成功的一个产品医学研究规划案例
	循证医学能力	1. 你是否独立完成过临床试验方案 ● 如果是，请介绍一下临床试验方案设计的关键要素 ● 为了更有利于产品的学术研究与推广，你是如何配合研究者设计这些关键要素的？请举例 2. 你是否了解临床试验的类别 ● 你参加过哪些临床试验方面的培训 ● 如何根据产品需求选择临床试验的类别？请举例
	文案撰写能力	1. 是否发表过研究论文或科普文章？在哪里发表的 2. 是否帮助合作研究者发表过文章，具体做了哪些工作？哪些工作促进了刊用或发表

（续）

考查项		面试问题或要求
通用能力	沟通协调能力	1. 过往工作中是否与合作者产生过分歧，或者遇到过比较难协调的事情？如果有，请举例 2. 在之前的工作中主要与哪些部门打交道？是否有需要沟通协调的时候？请举例 3. 在之前的工作中需要与企业外部沟通协调吗？请列举印象深刻的事例
	学习能力	1. 请分享你通过主动学习解决了一个工作难题的成功事例 2. 为了更好地胜任医学经理岗位，你还有哪些需要提升的地方 3. 针对需要提升的地方你是否制订了学习计划？如果有，请举例
	求职动机	1. 找工作时你最看重的是什么 2. 你对薪酬福利的预期是什么 3. 你喜欢什么样的企业文化 4. 你喜欢什么样的团队氛围 5. 从居住地点到公司是否便利 6. 说说从上家公司离职的原因 7. 你对我们公司了解多少 8. 为什么你会选择我们公司
基本条件		• 具备英语六级证书 • 具有医学相关专业硕士及以上学历 • 有制药企业相关岗位工作经验，或者在合同研究组织任职3年以上

越来越多的企业在一些关键岗位和高频招聘岗位上尝试使用结构化面试法，并取得了事半功倍的效果。

1.2 行为面试法和 STAR 面试法

本节详细讲解行为面试法和 STAR 面试法的理论知识，并通过面试场景案例说明如何使用这两种面试方法。

1.2.1 为何采用行为面试法

在讲解行为面试法的定义之前，先说说为什么采用行为面试法。

很多人都会做一道家常菜——西红柿炒鸡蛋。假设老王很擅长做这道菜，并且他做的这道菜很受家人喜欢。老王的孩子小王做过统计，老王每做 10 次西红柿炒鸡蛋，其中有 9 次都做得非常好，只有 1 次发挥失常。那么，老王第 11 次做西红柿炒鸡蛋做得好的概率大不大？很大，90%！

在面试的时候，面试官也是在预测概率——预测求职者未来工作表现好与坏的概率。以销售岗位为例，面试官如何判断求职者能否胜任？以下三个提问方式，哪个更有助于面试官做出精准的判断？

A.假如公司录用你，你打算如何做好销售工作？

B.做好销售工作需要具备很强的自驱力，你是否认同？

C.之前你做过哪些销售类的工作，做得怎么样？请举例。

如果面试官只问 A 和 B 两个问题，而不问问题 C 的话，大概率会出现误判。所以，想知道老王做西红柿炒鸡蛋到底做得怎么样，最好这样问：

- 老王，你之前做过西红柿炒鸡蛋吗？
- 过去做10次中有几次做得比较成功？
- 你是怎么做到让家人都喜欢吃的呢？请举例。

如果想识别求职者的真实水平，可以使用一种叫作"行为面试"的方法。上述提问方式就是"行为面试"方法的具体应用。这种方法聚焦求职者过往的经历，对于面试官做出精准的判断更有参考价值。

1.2.2 行为面试法的定义

什么是行为面试法？行为面试法是一种提问方式，即面试官为了评价求职者某方面的素质而询问与之相关的过往的学习、工作或者生活经历。行为面试法的基本假设是：一个人过去的行为特点、习惯和模式可以用来预测这个人未来的行为或者表现。以下是校园招聘中比较常见的行为面试问题汇总，如表1-3所示。

表1-3 校园招聘中常见的行为面试问题汇总

考查项	面试问题
沟通协调能力	分享在校期间或者实习期间遇到的最困难的沟通协调的事例，并详细描述： ● 当时遇到了哪些困难 ● 其中最困难的是什么 ● 最困难的事情是如何解决的

（续）

考查项	面试问题
积极主动性	1. 说说大学四年时间，你是如何度过的 2. 在校期间，你是如何规划自己的课余时间的 3. 在校期间，除了学习，你还做了哪些有意义的事情 4. 为了更好地择业和就业，在校期间你都做了哪些准备
团队合作能力	1. 分享在校期间或者实习期间，最能够证明或体现你对他人谦让、忍让、包容，或者换位思考、理解他人的事例 2. 分享在校期间或者实习期间，最能够证明或体现你主动帮助、辅助、协助、配合他人，或者对他人无私付出的事例 3. 你是如何处理与他人之间的"分歧或矛盾"的？分享一个相关事例
学习能力	1. 你是否参加过学术项目或者课题小组？如果有，请举例 2. 分享你通过主动学习成功解决了实习工作中的难题的事例 3. 在校期间你获得过哪些证书？是否有印象深刻的经历？请举例 4. 分享一个有效的学习方法，或者快速提升自己某项能力的成功事例 5. 你经常通过什么方式、渠道、媒介或者途径获得新知识和新技能？请举例
执行力	1. 分享一个在校期间或者实习期间不达目标誓不罢休的事例 2. 分享在实习期间，时间紧、任务重的情况下，仍然较好地完成工作任务的一次经历，并详细描述： ● 时间有多紧 ● 任务有多重 ● 结果如何 ● 怎么做的
工作严谨性	1. 在校学习和实习工作中，哪些经历培养了你严谨细致的行事风格 2. 在严谨细致方面，你养成了哪些好习惯？请举例

（续）

考查项	面试问题
阳光心态	1. 你是一个乐观积极的人吗？请举例 2. 分享一次你被老师或者领导批评的经历，并详细描述： ● 当时他说了什么？你是怎么想的？之后是怎么做的 ● 你认为这个经历对你有何影响
抗压能力	1. 实习的时候你加过班吗？说说当时加班的经历 2. 分享实习工作中，你加班加点完成工作的经历 3. 你能适应未来加班的要求吗？请举例
自我认知	1. 说说你认为阻碍自己成长的最大缺点是什么，并详细描述： ● 你是什么时候发现这个缺点的 ● 为了改正这个缺点，你做了哪些尝试或者努力 ● 效果如何 2. 说说在实习工作中，你曾暴露出哪些不足、短板或缺点，并详细描述： ● 说说当时发生了什么 ● 之后你都做了什么 ● 结果如何
创新能力	1. 你是否有过成功的创新事例？如果有，请介绍一下具体过程，并详细描述： ● 在这个事例中，能体现你有创新能力的亮点是什么 ● 你认为哪些细节能体现你的创新能力 2. 你有发明专利吗？如果有，请详细描述： ● 简述这个专利的发明创造经历 ● 你是第几作者
吃苦耐劳精神	1. 你有过打工经历吗？如果有，请详细描述： ● 做了多久 ● 具体做什么 ● 有何收获或者成长 2. 在所学专业的方向上，与你的同学相比，你有什么优势？学习过程中有什么难忘的经历

11

1.2.3 STAR 面试法

通过行为面试法，面试官可以了解求职者过去的经历，并对他们未来的工作表现进行预判。但是有时候，面试官可能会遇到以下两种情况：

第一，有的求职者不善言辞，回答问题的时候几句话就说完了。可供参考的信息太少，面试官很难做出判断。

第二，有的求职者投机取巧，把发生在别人身上的事例说成是自己亲身经历的，使得有些面试官误以为他们符合岗位要求。

面对不善言辞的求职者，如何让他们给出更多的信息？面对投机取巧的求职者，如何识别他们的真实能力？面试官需要掌握一种既能引导求职者多回答，又能识别他们回答内容真伪的提问技巧，也就是 STAR 面试法。

STAR（即 Situation、Target、Action、Result 的首字母缩写），描述了过往经历或者事例的四要素，具体解释如下。

S：事情发生的背景信息

发生过往经历的背景信息，包括时间、地点、相关人物等。如果是求职者亲身经历的事例，他们就可以比较具体地描述出事情的背景信息，例如：

大三的暑假期间，我跟其他几位同学一起去云南的双江县支教。这个县曾是贫困县，位置比较偏僻，需要大学生志愿者支教。我们一行五人从北京出发坐火车到昆明，这一路上三十几个小时的车程比较辛苦（当时为了节省路费，买了比较便宜的绿皮火车票）。下了火车后，当地学校的领导派车把我们接送到目的地。

S指整个事例的叙事基础，即便是不善言辞的求职者，只要是亲身经历的事情，他们也能比较容易地回忆并描述出来。但是，如果是编造的事例，求职者就很难给出非常具体的背景信息。这将有助于面试官判断其回答内容的真实性。

T：要达成的目标

这里的达成目标可以理解为解决问题、克服困难、完成任务、应对挑战等。为了验证回答的真实性，求职者不能简单地说"参加比赛""考取证书""寻找赞助商""撰写报告""组织活动""加班加点整理资料""处理客户投诉""完成紧急任务"等，面试官希望听到更为具体的描述，例如：

- 作为足球队的队长，带领球队参加全校足球比赛，目标是进入前三名。
- 在大二上学期用3个月备考英语六级，目标是考试成绩不低于600分。

- 我要在一周内争取到 5000 元的赞助费。
- 我要在三周内完成调研报告，并达到导师对调研报告的要求：①数据精确度高；②用英文撰写。
- 作为迎新活动的组织者，需要组织近百人的团队筹备晚会节目，任务包括排练节目和做好后勤保障等。
- 刚开始实习，我需要在两周内熟悉业务并独立完成整理资料的工作。
- 我临时代替同学上台演讲，要在半天内熟悉 100 多页 PPT 的内容，并自信流利地阐述出来。

A：具体的行动、措施

在达成目标或者解决问题、克服困难、完成任务、应对挑战的过程中，具体都做了什么，采取了哪些行动。这部分内容是考查的重点，也是面试官做出判断的主要依据。以下注意事项供参考：

- 让求职者详细描述是怎么做的，采取了哪些步骤，采用了什么方法等。
- 让求职者聚焦自己做了什么，而不是"我们"做了什么；频繁使用"我们"做主语可能意味着暗藏"水分"。
- 如果描述事例时多次使用"如果""可能""或许""大概""也许""差不多"等词，大概率不是真实的事例。

下面这个例子讲述了求职者在实习期间高效地完成一项工作任务的过程，其中有关行动、措施的描述比较详细和具体，事例的可信度比较高。

2014年的暑假期间，我在某房地产公司实习，主要协助项目经理处理文档资料整理、会议安排等事务性工作。我记得刚进公司的时候，项目经理就给我安排了一个急活，用半天时间制作一份月报，月报内容需要包含当月的项目进展和成果情况等。这个任务有"三难"：一，我当时不会PS等排版设计工具；二，我刚进公司，对项目情况不了解；三，情况紧急，我只有半天时间来完成这个任务。

接到任务后，我是这样做的：

首先，我马上寻找容易学习的月报排版工具。我发现PS软件不易快速上手，就直接排除了这个工具。随后，我通过打电话询问身边的朋友以及上网搜索，发现PPT也可以用来进行排版，而且在校期间我使用过PPT软件，于是我立即决定使用PPT来制作月报。

然后，我主动与项目经理沟通，详细了解了她对月报的整体要求，并向她澄清了一些细节问题，以确保我所制作的月报是她想要的。虽然这个过程花费了半小时的时间，但是我认为很有必要，因为越是时间紧张，越要确保每一步的工作都准确无误。

接下来，我上网搜索如何使用PPT进行排版，并参照之前的月报格式，发扬遇到不会的难题就问的做事风格，很快就掌握了其中的技巧。经过数次排版、修改、再排版，我终于完成了月报的初稿。之后又送交经理审核并再次修改，最终在下班之前完成了终稿。

R：结果（或者总结，Review）

"结果"是指最终事情怎么样了，任务完成了没有，目标达成了吗，等等。这里有两种可能：第一，事情做成了，比如任务完成、目标达成或者取得了满意的成果；第二，事情没有做成，遭受了挫败，结局不太好或者低于预期。

这里需要注意的是，如果求职者所描述的事例是第二种情况，即事情没有做成，面试官不应轻易地判断求职者的能力不行，更不能因此淘汰他们，而是应详细地了解事情的经过，通过求职者所提供的信息去判断是什么原因导致了他的失败。

1.2.4　行为面试法与STAR面试法应用举例

通常情况下，面试官会将行为面试法与STAR面试法结合使用，接下来通过一个面试场景案例来说明如何使用上述两种方法。

面试场景案例

某企业校园招聘的时候，面试官A和B是第一考场的考官，以下是他们在面试中遇到的一个场景。

面试官A："张同学，如果上班以后，你遇到当天的工作没有完成，或者临近下班的时候领导又给你安排了新工作的情况，你是否会选择加班？"

张同学："面试官，我会选择加班。"

面试官A："对于当下很多年轻人不愿意加班的现象，你怎么看？"

张同学："我认为一毕业就进入职场，有些学生还没有做好心理准备。他们可能还在幻想着收入高、工作少、不加班的生活状态。但是我也相信更多的学生是有追求的，也包括我在内，希望在工作中干出点成绩。为此，我认为加班不是问题，更不应该抗拒加班……"

面试官A："好的，我听懂了。是否可以这样理解，未来即使没有加班费，你也是可以接受加班的，对吧？"

张同学："是的，面试官。"

面试官B："张同学，我问你一个问题吧。"

张同学："好的。"

面试官B："在校期间，你有没有参加过什么比赛或者竞赛？"

张同学："有的，我参加过全校英语技能比赛。"

面试官B："你获奖了吗？"

张同学："我获得了二等奖。"

面试官 B："参赛过程中，是否有加班加点准备比赛的经历？如果有，请举例。"

张同学："有的。我记得当时报名的同学很多，学校进行了多轮筛选，越往后面，竞争越激烈。在初赛、复赛和决赛期间，我在晚自习期间和回到宿舍后都会加强英语练习。在决赛前一周，每天晚上我都会巩固练习，直到凌晨1点左右……"

面试官 B："打断你一下，听上去你们学校的英语技能比赛难度还不小？"

张同学："是的。我校的英语技能比赛已经连续举办多年，该项比赛考查选手的英文综合能力，涉及词汇量、演讲能力和英文才艺表演等。我不是英语专业的学生，所以有不小的参赛压力。"

面试官 B："好的，了解了。你有实习经历吗？实习期间有过加班的情况吗？"

张同学："嗯，有的。"

面试官 B："具体说说当时加班的情况吧。"

张同学："在某公司，我有将近两个月的实习经历。当时入职三天后，公司安排我加入花山项目做助理。项目经理要求很高，我经常加班到晚上七八点，并且周六、周日也会加班。"

面试官 B："你是实习生，为什么还要加班？"

张同学："有两个原因。首先，公司提前告知会有加班的情况，我做好了心理准备，愿意接受工作上的挑战；其次，这个花山项目有大量的基础性工作，比如文件整理、数据调研、标书起草和修改等，这些工作内容我需要边学边做，多数情况是我主动要求加班的。"

面试官B："具体说说你是怎么加班的？"

张同学："我在这个项目上工作了3周时间。在工作日，我经常会加班到七八点，主要是完成白天没有做完的事情；在投标的关键阶段，周六、周日我也会加班。一开始，项目经理让我做的是复印、打印、文字校正等工作。渐渐地，项目经理开始让我参与数据调研和统计工作，以及协助其他组员起草和修改标书。下班后，项目经理会组织大家做总结和复盘，我主要负责会议内容的记录和整理。周末，项目组召开紧急会议时，我也会参加。"

面试官B："说说你在这段实习中的感受以及领导对你的评价。"

张同学："我的感受是从学校进入职场，需要学习的东西太多了。实习过程中，那些看似比较容易的事情，上手后才发现难度不小。之所以在项目上加班很多，有的时候是因为自身能力不足，做事效率不高。不过我最终坚持了下来，抗压能力有了明显提升。我的直接领导是项目经理，他说我是他见过的实习生中比较有毅力和责任心的人，他还说欢迎我将来应聘他们公司，并且乐意做我的推荐人。"

面试官 B："可以了，谢谢你的回答。我这里没有什么问题了。"

待张同学离开后，以下是面试官 A 和 B 的对话。

面试官 A："同样是关于加班的问题，你提的问题比我的有水平！"

面试官 B："谁让你没参加公司上周举办的面试官培训呢？"

面试官 A："那可不，损失大了。你给我传授点经验吧。我虚心求教。"

面试官 B："刚才你提的问题也是可以的，但是最好先问我所提的问题，最后再问你所提的那几个问题。"

面试官 A："能否详细说说？"

面试官 B："如果想考查求职者能否接受加班，而且是对方内心真实的想法，最好的方式是通过行为面试法，也就是考查求职者在校期间或者实习期间有没有过加班的经历。如果有，就询问他们过去加班的细节，进一步了解加班的原因、频率、经过和结果，最后判断他们能否接受加班。这样要比单纯地询问他们想不想或者愿不愿意加班更加客观一些。"

面试案例分析

这是一个非常有代表性的行为面试法的应用案例。

对比面试官 A 和 B 所提的问题，谁从张同学那里搜集到的信息更有价值？答案是面试官 B，因为他采用了行为面试法，可以更精准地判断求职者能否接受加班,如表 1-4 所示。

表 1-4 考查张同学能否接受加班的问题和结论

面试官 B 的提问	张同学的回答	面试结论
参赛过程中,是否有加班加点准备比赛的经历?如果有,请举例	有的。我记得当时报名的同学很多,学校进行了多轮筛选,越往后面,竞争越激烈。在初赛、复赛和决赛期间,我在晚自习期间和回到宿舍后都会加强英语练习。在决赛前一周,每天晚上我都会巩固练习,直到凌晨1点左右	在校期间,考生曾经有过一周每天加班到凌晨1点的经历
你有实习经历吗?实习期间有过加班的情况吗	在某公司,我有将近两个月的实习经历。当时入职三天后,公司安排我加入花山项目做助理。项目经理要求很高,我经常加班到晚上七八点,而且周六、周日也会加班	两个月的实习期间,考生曾经有过经常加班到晚上七八点,而且周六、周日也加班的经历
具体说说你是怎么加班的	我在这个项目上工作了3周时间。在工作日,我经常会加班到七八点,主要是完成白天没有做完的事情;在投标的关键阶段,周六、周日我也会加班。一开始,项目经理让我做的是复印、打印、文字校正等工作。渐渐地,项目经理开始让我参与数据调研和统计工作,以及协助其他组员起草和修改标书。下班后,项目经理会组织大家做总结和复盘,我主要负责会议内容的记录和整理。周末,项目组召开紧急会议时,我也会参加	白天没有做完的事情,考生会主动晚上加班完成;在项目工作中,考生能够逐渐承担起有难度的工作并坚持周六、周日加班

除了使用行为面试法，面试官 B 还使用了 STAR 面试法进行追问。

在张同学描述参加校英语技能比赛的时候，面试官 B 询问了这个事例的"背景"，相关的问题是："听上去你们学校的英语技能比赛难度还不小？"

在张同学描述实习经历的时候，面试官 B 也询问了这个事例的"背景"，相关的问题是："你是实习生，为什么还要加班？"

最后，关于"结果"的问题是："说说你在这段实习中的感受以及领导对你的评价。"

综上所述，在这个面试场景中，两位面试官采用了不同的面试方法，相比于面试官 A，面试官 B 的方法更有效，因为，他同时采用了行为面试法和 STAR 面试法。

【自测】

1. 关于结构化面试法的描述，正确的是： （　　）

A. 结构化面试法采用标准的提问方法。

B. 结构化面试法的问题需要基于岗位要求设计。

C. 面试官不可以随意改变结构化面试法的问题库。

D. 采用结构化面试法，有助于面试官对求职者进行比较。

答案：ABCD

2. 关于行为面试法，以下描述正确的是： （　　）

A. 行为面试法重点考查求职者过去的行为习惯或者行为模式。

B. 通过行为面试法，面试官可以对求职者未来的绩效表现进行预测。

C. 同事生病了，你能接替他的工作吗？这个问题是行为面试法的问题。

D. 面试中应尽可能多采用行为面试法，因为通过这种方法可以获得更多的有效信息。

答案：ABD

3. 为什么要对候选人的回答内容进行追问？ （　　）

A. 通过追问，充分了解含糊、不确定的信息。

B. 追问过程是面试官搜集、整理和加工客观信息的过程。

C. 在追问中，让候选人多说，从而有可能发现更多有价值的信息。

D. 通过追问，避免面试官主观猜测，同时在细节中寻找客观判断的依据。

答案：ABCD

CHAPTER 2
第 2 章

校园招聘的常见面试场景、技巧及误区

2.1 考查自驱力的面试场景

本节重点阐述如何通过提问的方式快速考查求职者的自驱力，并结合两个面试场景案例说明如何对求职者的自驱力进行评价。

2.1.1 校园招聘对自驱力的要求

"自驱力"是自我驱动能力的简称，可视为积极主动的近义词，是指在没有外界刺激的情况下，自动自发地达成既定目标或者实现自我价值的内在驱动力。具备较强自驱力的考生，往往会表现出"在学习或工作上对自己的要求高于身边人对他的要求"的现象。"身边人"可以包括家长、老师、工作中的师傅、上级领导或者客户等。

具备较强自驱力的考生有以下四个显著特征：

第一，有时间观念。在校期间或者实习期间，接到一项任务，他们往往能准时甚至提前完成。在参加面试的时候，他们能够准时或提前到达考场，不会迟到。

第二，有目标意识。"不达目标，誓不罢休"是此类考生做事的信念。在完成一项任务的时候，他们有明确的目标、详细的计划和实际的行动，且主动克服困难并达成目标。

第三，有学习意愿。为了攻克学习或者工作中的难题，他们会表现出努力钻研和不怕吃苦的精神。

第四，具备紧迫感和危机意识，这一点最为重要。正因为具备紧迫感和危机意识，此类考生在校期间会有一些明显的行为表现，比如：他们会主动参加一些比赛、竞赛，努力提升自身的综合素质；他们会主动备考各种证书（如英语四级、六级证书，计算机等级证书或者其他任职资格证书等），而且会比其他同学更早地考取证书；他们会积极参加社会实践、寻找实习工作，与多数同学相比，他们往往会更早得到实习机会。

在校园招聘的时候，企业会围绕上述四个特征考查考生的自驱力。

2.1.2 考查自驱力的提问方式

第一种提问方式：在校期间，除了学习，你还做了哪些有意义的事情？

第二种提问方式：在校期间，你给自己树立了哪些目标？达成了没有？请举例。

第三种提问方式：为了将来更好地择业和就业，在校期间你都做了哪些准备？请举例。

以上三种提问方式都可以考查自驱力。其中，第三种提问方式最为有效。如果考生具备较强的自驱力，他们回答的内容往往与以下信息高度吻合：

- 学习成绩优异。
- 积极参加校内外的社会实践。
- 主动参加比赛和竞赛，并获得优异成绩。
- 有丰富的实习经历，而且多数与所学专业相关。
- 备考任职资格证书，并早于其他同学获得证书。
- 仍然保持阅读的习惯（与所学专业相关的书籍）。

面试场景案例 1

面试官：举例说说上学期间你的表现如何？

张同学：大学期间，我对自己要求很严格。我将从学习成绩、工作实践及日常生活三个方面进行阐述。第一，在学习上，对于授课老师布置的作业，我都能及时完成，而且每天坚持 1 小时英语早读。在四年的大学生涯中，我的学习成绩始终排在班级前 10%，每年我都能拿到学校奖学金。第二，在大学期间，我担任了四年的班长。在任期间，我能够及时将辅导员安排的任务上传下达，并高效地协助老师们处理班级事务。因为在工作方面表现出色，每年我都能获得"优秀班干部"称号，还曾获得"省三好生"称号。第三，在日常生活中，我也严格要求自己，并非常注重好习惯的养成。上学期间，我经常在晚上去操场上跑步锻炼 1 小时。在周末的时候，我和室友还会一起去爬山或者骑行，以此保持精力充沛和心态阳光。

面试案例分析

显然，张同学具备自驱力，如表 2-1 所示。

表 2-1 对张同学自驱力的分析

自驱力的考查要素	张同学的事例
学习成绩	在四年的大学生涯中，我的学习成绩始终排在班级前 10%，每年我都能拿到学校奖学金
工作实践	因为在工作方面表现出色，每年我都能获得"优秀班干部"称号，还曾获得"省三好生"称号
日常生活	上学期间，我经常在晚上去操场上跑步锻炼 1 小时。在周末的时候，我和室友还会一起去爬山或者骑行，以此保持精力充沛和心态阳光

在时间充裕的情况下，针对自驱力的特征，建议面试官再追问张同学一些细节问题，例如：

- 是否参加过比赛和竞赛？如果有，是否取得了比较理想的成绩？
- 是否考取了一些证书，例如英语四级、六级证书或者其他比较有含金量的证书？
- 是否有实习经历？如果有，一共有几段实习，以及获得第一份实习 offer 的时间？

面试场景案例 2

面试官："在校期间，除了学习，你还做了哪些有意义的事情？"

孙同学:"在校期间,我参加了学校举办的创新技术大赛以及第十六届全国大学生'高教杯'先进成图技术与产品信息建模创新大赛,并分别获得校内特等奖以及辽宁省一等奖的成绩。"

面试官:"在参加比赛的过程中,是否有令你印象深刻的经历?如果有,请举例。"

孙同学:"能取得上述成绩很不容易。当时我还在上大一,无法达到竞赛的高要求,主要原因是自身缺乏专业知识,很多知识点需要自学掌握,比如信号发生原理、机械工程图含义、建模软件使用等。在竞赛准备过程中,当我遇到难题的时候,我会虚心听取指导老师给的学术建议,并向学长和学姐汲取竞赛经验。但是,关键还得靠自己勤加练习,毕竟能否取得好的成绩取决于自身的努力程度。此外,在竞赛的关键阶段,为了赶进度,我熬夜制图、焊接电路板也是常有的事。我不仅要完成学业任务,还不能耽误竞赛的进程,因此我只能挤出晚上的时间练习焊接电路板,有时还需要连续几天熬夜学习建模的知识,并通过反复练习巩固所学的内容。竞赛成绩我很满意,但是竞赛的过程却让我终生难忘。"

面试官:"老师或者同学对你所取得的成绩有何评价?"

孙同学:"指导老师认为在他带过的参赛学生中,我的机械制图能力名列前茅。"

面试官:"在这之后,你又参加了哪些比赛?成绩如何?"

孙同学："2024年7月我参加了华中'数控杯'第十一届全国大学生机械创新设计大赛，并获得全国一等奖。"

面试案例分析

具备较强自驱力的考生往往会表现出"在学习或工作上对自己的要求高于身边人对他的要求"，这个特点在孙同学的身上有充分体现。在大一的时候，孙同学积极参加校内外的竞赛。在缺乏专业知识的情况下，他克服了诸多困难，通过自学或者向他人请教的方式来弥补不足，并不辞辛苦地做了大量练习。在众多大学新生当中，尤其是在大一阶段，有多少人能够做到白天完成学业，晚上熬夜为比赛做准备？这足以见得，与其他同学相比，孙同学对自己的要求比较高，甚至高于老师或者家长对他的要求。

【自测】

积极主动的人，往往会有如下特点： （　　）

A. 有时间观念，能够做到准时、守时甚至提前。

B. 主动学习的意愿比较强烈。

C. 有紧迫感和危机意识。

D. 有清晰的目标规划。

答案：ABCD

2.2 考查执行力的面试场景

本节重点阐述如何通过提问和观察的方式快速考查求职者的执行力，并结合多个面试场景案例说明如何评价求职者的执行力。

2.2.1 校园招聘对执行力的要求

执行力是指高效、精准地做事的能力。该定义包含三个关键词，分别是"高效""精准"和"能力"，具体的解释如下。

- 高效：对做事的时间提出了要求，要求快速完成任务。
- 精准：对做事的质量提出了要求，要求完成任务不出差错。
- 能力：完成工作所需要的专业能力、工作经验和工作态度等。

结合执行力的定义不难发现，执行力是一种综合能力，对考生的整体素质有较高要求。考生不仅需要具备与应聘岗位相关的专业背景、技能和经验，还需要具备较强的时间观念，以及高质量完成任务的工作态度。

2.2.2 考查执行力的提问技巧

因为执行力是一种综合能力，所以面试的时候可以从多个角度展开提问，例如：

- ××同学，你是否具备这个岗位所需要的专业能力？请举例说明。
- ××同学，你是否具备这个岗位所需要的工作经验？请举例说明。
- ××同学，你是几点钟到达面试考场的？为了避免迟到，你提前做了哪些准备？
- 分享在实习的时候，时间紧和任务重的情况下，你仍然较好地完成工作任务的一次经历，并具体说明时间有多么紧张以及任务的困难度。

面试场景案例

面试官："分享在实习期间，时间紧、任务重的情况下，你仍然较好地完成工作任务的一次经历。"

张同学："2014年的暑假，我在某地产公司实习，被分配到花山开发项目做助理，主要协助项目经理处理一些文档资料、会议安排等事务性工作。记得刚进公司的时候，项目经理就给我安排了一个急活。这个任务是用半天时间制作一份月报，月报内容需要包含本月的项目信息、项目进展情况等。这个任务给我带来的挑战有三个，一，我当时不会使用PS等排版工具；二，我刚进公司，对项目情况不了解；三，时间比较紧张，我只有半天时间。接到这个任务后，我是这样做的，首先，寻找简单可操作的月报排版工具。我发现PS不易快速上手，就直接排除掉了此方法。我通过询问身边的朋友和上网搜索，发现PPT易操作、好上手，就确定使用PPT制作月报。其次，我立即与项目经理沟通，详细了解他对月报的整体要求，并向他澄清了一些细节问题，以确保我制作的月报是他想要的。最后，经过排版、修改、再排版、经理审核、再修改，终于在规定的时间内完成了月报，并得到了总监的夸奖。"

面试官："关于用半天时间制作一份月报的事情，能说说当时的背景情况吗？"

张同学："负责制作月报的员工接到了一个紧急任务，出差了，项目经理找不到合适的人来做这件事情，就安排我来做。"

面试官："据你所知，制作月报一般需要多长时间？"

张同学："因为当时我还是一个新手，对公司的情况并不熟悉，所以我认为完成这份月报至少得需要两天时间。"

面试案例分析

张同学是否具备较强的执行力？结合执行力的定义发现，张同学具备如下特点：

首先，张同学有较强的时间观念，通常需要两天才能完成的月报工作，她仅用了半天时间就完成了。

其次，为了确保月报的质量，张同学主动找项目经理沟通，详细了解他对月报的整体要求，并向他澄清了一些细节问题，以确保所做的月报是项目经理想要的。

再次，制作月报需要掌握排版技巧，当时张同学并不具备此项技能。在这种情况下，她顶住了压力，迅速做出应对计划，并在较短的时间内边学边操作，按时完成了月报工作。这体现了张同学对待工作积极主动和负责任的态度。

以上特点与校园招聘对求职者执行力的要求一致，足以见得张同学在执行力方面的表现是比较出色的。

2.2.3 在群体面试中识别有执行力的考生

在校园招聘的时候，企业经常采用群体面试的方式，即把求职者按照一定人数进行分组，并以组为单位对他们进行面试。举例而言，10位求职者为一组进入考场，面试官按照事先准备好的流程，对这10位求职者进行提问。

在群体面试中，如何考查执行力？以10人为一组（第一位考生是01号，第10位考生是10号），举例说明：

第一步，要求考生从01号开始依次做自我介绍，每个人自我介绍的时间不能超过1分钟。

第二步，面试官宣读一句话（注意，只宣读一次），之后要求10位考生依次重复面试官所宣读的内容。面试官宣读的这句话是：请在下周三下午上班之前提交工作报告。

第三步，面试官提问："如果在规定的时间内提交了工作报告，但是领导看过之后并不满意，请分析领导不满意的原因。"之后要求所有考生依次回答这个问题，每人限时半分钟。

针对上述三步操作，做进一步说明，如表2-2所示。

表2-2 群体面试考查执行力的操作说明

步骤	考查方式	考查难度	考点说明
第一步	要求每位考生做1分钟自我介绍	难度低	考查时间观念：1分钟内完成自我介绍，不可以超时
第二步	面试官宣读"请在下周三下午上班之前提交工作报告"，并要求所有考生依次重复他的话	难度中	考查倾听能力：只有听对了任务要求，才能做到精准复述
第三步	面试官提问："如果在规定的时间内提交了工作报告，但是领导看过之后并不满意，请分析领导不满意的原因。"之后要求所有考生依次回答这个问题，每人限时半分钟	难度高	考查时间观念：半分钟内回答完毕，不可以超时 考查精准执行的能力：为了确保执行的质量，求职者需要了解对方有哪些要求。事前沟通、事中反馈和及时确认都有助于精准地完成工作任务

面试场景案例

面试官："假如今天是周二。如果说在下周三下午上班之前，你把财务报表给领导了,但是她并不满意,你认为原因可能是什么?你会怎么解决,怎么改进?每个人回答问题的时间不得超过半分钟。"

王同学:"我觉得原因有两点,第一,可能财务报表是需要审批的,还需要一个在我和领导之间的中间人员负责审批,因为缺少了这个审批过程,财务报表内容不完整。第二,财务报表本身确实存在质量上的问题,很可能是因为我第一次做,没有做好,出现了差错。"

夏同学:"我觉得有可能是因为财务报表的内容出错了,或者财务报表的格式出现了问题。"

李同学:"我认为主要原因可能是领导对我的财务报表质量不满意。因为现在是周二,距离下周三还有一周时间,如果我对财务报表有不确定的地方,完全可以找别人先帮忙审核一下,然后在下周三的时候再呈交上去。"

宋同学:"我认为原因可能有以下四个。第一,财务报表的内容出错了,比如数字算错了或者格式不对。第二,没有按照领导要求的方式提交财务报表,比如是打印出来提交,还是直接发送邮件提交。第三,如果是发送邮件提交,可能还需要抄送给其他人,而我只发送给了领导。第四,提交的时间有点晚,虽然在下周三下午上班之前提交就可以,可是一般情况下领导都希望下属提前完成工作任务。"

马同学："主要原因可能是我对领导的某些要求不是特别了解，我没有先了解他的所有要求，并按照要求来完成财务报表。我觉得问题可能就出在这里。因此，在开展工作之前，我应该先了解领导对财务报表有什么特殊的或者额外的要求，然后再去安排自己的工作，并尽可能提交符合领导要求的财务报表。"

面试案例分析

这是一个很有代表性的群体面试案例。对比上述五位同学的回答，可以直观地发现谁的答案质量更高，如表2-3所示。

表2-3 对比五位同学的回答并做出评价

考生	回答内容	主题思想	面试官评价
王同学	第一，可能财务报表是需要审批的，还需要一个在我和领导之间的中间人员负责审批，因为缺少了这个审批过程，财务报表内容不完整。第二，财务报表本身确实存在质量上的问题，很可能是因为我第一次做，没有做好，出现了差错	缺少审批环节或者是个人原因导致财务报表内容出现了问题	考生的回答不符合执行力的要求
夏同学	可能是因为财务报表的内容出错了，或者财务报表的格式出现了问题	财务报表的内容或者格式有问题	考生的回答不符合执行力的要求
李同学	主要原因可能是领导对我的财务报表质量不满意	财务报表质量有问题	考生的回答不符合执行力的要求

（续）

考生	回答内容	主题思想	面试官评价
宋同学	第一，财务报表的内容出错了，比如数字算错了或者格式不对。第二，没有按照领导要求的方式提交财务报表，比如是打印出来提交，还是直接发送邮件提交。第三，如果是发送邮件提交，可能还需要抄送给其他人，而我只发送给了领导。第四，提交的时间有点晚	财务报表内容、提交方式、抄送要求或者提交时间等有问题	考生的回答部分符合执行力的要求，比如宋同学说的第二条内容
马同学	主要原因可能是我对领导的某些要求不是特别了解，我没有先了解他的所有要求，并按照要求来完成财务报表	不了解领导对财务报表的要求，没有按照领导的要求做财务报表	考生的回答符合执行力的要求，马同学强调需要在开展工作之前了解领导的要求，这体现出她具备事前沟通的意识

"如果说在下周三下午上班之前，你把财务报表给领导了，但是她并不满意，你认为原因可能是什么？"对这个问题的正确回答是：在制作财务报表之前不了解或者忽视了领导对财务报表的要求，仅基于自己想当然的情况，单方面地按照自己的理解去做了，导致呈现给领导的工作结果不是她想要的，或者不完全是她想要的。为了确保提交的工作结果令领导满意，面试者需要了解领导有哪些要求，而事前沟通需求、事中反馈工

作进度和及时确认工作要求，这些都有助于精准地完成工作任务。

【自测】

1.考查执行力的要素不包含以下哪个： （　　）

A.时间观念。

B.学习方法。

C.倾听意识。

D.沟通反馈。

答案：B

2.以下哪些关于执行力的描述是恰当的： （　　）

A.执行力是一种综合能力，因此在时间允许的情况下需要进行多角度的考查。

B.执行力不仅与高效、精准有关，可能还需要相应的"专业能力和经验"。

C.执行力不是简单的行动力，可能还需要理解能力、责任心和主动性。

D.在群体面试的时候，考生的自我介绍、临场应变和对问题的分析能力等都可以反映他们的执行力。

答案：ABCD

2.3 考查责任心的面试场景

本节重点阐述如何通过提问的方式快速考查求职者的责任心，并结合两个面试场景案例说明如何评价求职者的责任心。

2.3.1 校园招聘对责任心的要求

责任心是指一种自觉主动地做好分内和分外一切有益事情的精神状态。这个定义包含三个关键词，分别是"自觉主动""分内和分外"和"有益事情"。结合工作场景，对责任心的解释是：一个人在做好分内工作的前提下，还自愿承担分外的事情；其实他可以不做这些分外的事情，可是他主动做了，而他所做的事情对于企业或者组织是有好处或者有意义的。

很多企业在招聘管理培训生（management trainee，简称"管培生"）的时候，非常看重考生是否具备责任心。其主要原因是企业把管培生作为未来管理岗位的后备人选进行培养，而管理者必须具备责任心。责任心不是与生俱来的，而是个体在成长过程中受到家庭和社会影响的结果，因此在校园招聘的时候，企业会比较关注在校期间有机会锻炼自身责任心的学生人群，这些人往往是：

- 班干部或者院校学生会干部
- 党员、预备党员、优秀共青团员

- 宿舍管理员、图书管理员、课代表
- 做过社会志愿者或参加过社会公益活动的人

有过上述经历的考生往往具备较强的责任心，但这并不意味着没有上述经历的考生一定没有责任心。没有上述经历的考生，面试官可以让其列举能够证明自己有责任心的事例。

2.3.2 考查责任心的提问方式

第一种提问方式：直接询问考生是否有如下身份或经历。

- 是党员吗？
- 获得过哪些荣誉称号？
- 担任过班干部或者院校学生会干部吗？
- 担任过哪些校内职务，比如宿舍管理员、图书管理员、课代表？
- 做过社会志愿者或参加过社会公益活动吗？做了什么？做了多久？

第二种提问方式：××同学，你认为什么是责任心？你具备吗？请举例。

面试场景案例 1

面试官："张同学，在校期间你做过社会志愿者或参加过社

第 2 章 校园招聘的常见面试场景、技巧及误区

会公益活动吗?"

张同学:"做过。"

面试官:"请具体说明一下。"

张同学:"从大二开始,我利用寒暑假时间,积极参与了社区孤寡老人献爱心活动、垃圾分类知识普及活动、安全用电知识宣传活动、二手书回收再利用活动,以及担任城市马拉松大学生志愿者等。其中,我参加社区孤寡老人献爱心活动的时间最长,从大二一直坚持到大学毕业,几乎每个寒暑假都会去做一段时间。我统计了一下参加上述公益活动和担任志愿者的时间,大约有 800 小时。这些都是我的宝贵经历,非常有助于增强责任心、服务意识和抗压能力。我认为在校期间,不仅可以通过社会实践来丰富自己的职场经验,还可以通过参加社会公益活动和担任志愿者来丰富自己的社会阅历,从而全面提升自身的综合素养。"

面试官:"张同学,你投入了大约 800 小时,是吗?"

张同学:"是的。"

面试官:"请问你的学习成绩如何?"

张同学:"我的学习成绩一直排在班级前 20%,而且考取了英语四级、六级证书和计算机二级证书。"

面试官:"从事社会公益活动是否会影响你的学习?"

张同学:"几乎没有影响。临近考试之前,我会主动给社区打电话请假。另外,我一般利用寒暑假时间从事社会公益活动,

不会占用平时的学习时间。"

面试案例分析

张同学的回答符合面试官对责任心的要求。她积极参加社会公益活动和担任志愿者，并累计投入了 800 小时。在进一步追问下，面试官发现这些课外活动并没有影响张同学的学习，她能较好地平衡学习与社会实践的时间。

面试场景案例 2

面试官："刘同学，你认为什么是责任心？你具备吗？请举例。"

刘同学："我认为责任心是能够按时和按要求地完成任务，做到件件有着落，事事有回应。在校担任班长期间，班主任会让我协助她完成一些班级事务，比如定期组织班会、整理班会记录和班会照片资料等。在接到组织班会的任务后，我的做法是先把本学期的班会做好排期，并提前准备好最近一期班会的内容、会议要求以及人员分工，然后按计划实施，最后会把每次班会举办的情况及时反馈给班主任。学期结束的时候，我会整理好本学期所有的班会资料并交给班主任。由于班会是学生自发组织的活动，班主任几乎不会参加，因此有同学建议减少开班会的次数或者缩短班会时间，甚至有同学建议一次性多拍一些班会照片用作未来班会的照片。如此敷衍了事不是我的风格，我和同学们制定了班会制度，并严格按照此制度召开班会。正因为我们的班会活动能够落到实处,同学们的凝聚力也变得更强。每年我们班都能获得'优秀班集体'的荣誉称号。"

面试官:"制定班会制度是班主任要求的吗?"

刘同学:"这不是班主任要求的,而是我提倡的,她表示支持。"

面试官:"最终获得的'优秀班集体'称号有何意义?"

刘同学:"'优秀班集体'称号是一年一评选,在校内团体奖励中属于最高等级,这表现了学校领导对班级所有同学的高度认可,每位同学都会获得一份荣誉证书,而且班级会获赠50本优秀校外读物。"

面试案例分析

首先,刘同学在校期间担任过班长,对于考查责任心是加分项。此外,通过刘同学的回答可以判断她的这段经历符合面试官对责任心的要求,如表2-4所示。

表2-4 对刘同学责任心的分析

责任心的考查要素	刘同学的事例
自觉主动	这不是班主任要求的,而是我提倡的,她表示支持
分内和分外	分内的工作:在校担任班长期间,班主任会让我协助她完成一些班级事务,比如定期组织班会、整理班会记录和班会照片资料等 分外的工作:如此敷衍了事不是我的风格,我和同学们制定了班会制度,并严格按照此制度召开班会

（续）

责任心的考查要素	刘同学的事例
有益事情	"优秀班集体"称号是一年一评选，在校内团体奖励中属于最高等级，这表现了学校领导对班级所有同学的高度认可，每位同学都会获得一份荣誉证书，而且班级会获赠50本优秀校外读物

刘同学提到了一处细节："由于班会是学生自发组织的活动，班主任几乎不会参加，因此有同学建议减少开班会的次数或者缩短班会时间，甚至有同学建议一次性多拍一些班会照片用作未来班会的照片。"由此可见，刘同学组织班会并非易事。一方面，她要落实班主任安排的工作任务；另一方面，她还要考虑到组织班会可能遇到的各种困难。作为班长，她顶住了压力，自愿承担了一些分外的工作，并最终带领全班同学取得了较好的荣誉。

【自测】

1.哪些考生在校期间有更多机会锻炼责任心，不恰当的描述是：

（　　）

A.担任过班干部、课代表，或参与过学生会的活动。

B.积极参与竞赛、比赛、才艺表演等。

C.参与过社会公益或者志愿者活动。

D.优秀共青团员或者预备党员。

答案：B

2. 关于责任心，以下描述不严谨的是： （ ）

A. 责任心属于非常重要的职业素养，属于冰山模型中水面下的部分。

B. 考查学生是否具备责任心，主要是看他们在校期间的成绩排名和获得的荣誉。

C. 责任心反映了求职者的职业道德和人品，在面试中必须让求职者举实例证明。

D. 面试的时候考查求职者的责任心比较耗时和费力，但是可以结合背景调查的方式综合评价。

答案：B

2.4 考查学习能力的面试场景

本节重点阐述如何通过提问的方式快速考查求职者的学习能力，并结合两个面试场景案例说明如何评价求职者的学习能力。

2.4.1 校园招聘对学习能力的要求

学习能力包含了"学"和"习"两种能力。"学"的能力是指对所学知识的记忆和理解能力，通常采用考试的方式检验"学"的效果；"习"的能力是指将所学知识加以应用和实践的能力，即学以致用的能力。

此外，全面考查"学习能力"还可以从"学习方法""学习态度"和"学习意愿"三个角度入手。

学习方法是指不会一味地采用死记硬背或者囫囵吞枣的方式学习，而是能够使用科学高效的方式提升学习效果，例如：课前预习、课后复习、对知识要点进行系统总结和查漏补缺。

学习态度是指主动、谦虚地向他人求教，不耻下问。在学习过程中，秉持空杯心态，不骄不躁，愿意倾听他人的指教、建议甚至批评，不会因为取得了一些成绩而沾沾自喜。

学习意愿是指主动学习的意愿强烈或者学习兴趣高涨，其具体表现是对某一领域有浓厚的学习兴趣和钻研精神，积极克服学习中的各种困难，有一种不达目标誓不罢休的劲头。

2.4.2 考查学习能力的提问方式

第一种提问方式聚焦考查"学"的能力，关注考生在校期间的学习表现，例如：

- ××同学，说说你的学习成绩和成绩排名情况。
- 在学习方面获得过哪些校内外的奖项或者荣誉？
- 除了教科书，你还读了哪些专业类的书？
- 在校期间你考取了哪些证书？说说考取证书的时间和成绩。

第二种提问方式聚焦考查"习"的能力,例如:

- 分享一个证明你在校期间在学习方面不达目标誓不罢休的事例。
- 分享一个证明你在实习期间在工作方面不达目标誓不罢休的事例。
- ××同学,在校期间你参加了哪些竞赛或者比赛?成绩如何?说说经过。
- 分享一个通过你自己主动学习解决了实习工作难题的成功案例。

在时间比较充裕的情况下,还可以从学习方法、学习态度和学习意愿三个角度进行提问,例如:

- 分享一个能够证明你在学习上具备钻研精神的事例。(考查学习意愿)
- 分享一个有效的学习方法,或者快速提升自己某项能力的成功案例。(考查学习方法)
- 在提升自身能力方面,是否有虚心向他人求教的经历?如果有,请举例。(考查学习态度)
- 你经常通过什么方式、渠道、媒介或者途径获得新知识和新技能?请举例。(考查学习方法和学习意愿)

面试场景案例 1

面试官："刘同学，在校期间你参加了哪些竞赛或者比赛？成绩如何？说说经过。"

刘同学："在校期间我曾经参加过学校一年举办一次的《哈佛商业评论》案例大赛。那届案例大赛共有 20 组选手报名参加，经过初赛、复赛和决赛，历时两个月，最终我们获得了冠军。在初赛的时候，我们小组就获得了第一名的成绩。但是到了复赛和决赛阶段，竞争愈加激烈。为了取得好成绩，我们小组四人会经常进行讨论，但是这往往会花费很多时间。为了不耽误日常学习和平时的考试，同时兼顾案例大赛，我们会有加班加点的情况。在晚餐之后，我们会在图书馆集合。由于图书馆不允许大声喧哗，我们就聚在一起，分工之后各自完成自己的任务。有时到了晚上十点，图书馆要关门了，我们的工作还没有做完，我们就会转移到学校的咖啡馆。咖啡馆的关门时间是晚上十一点半，所以我们要赶在这之前完成当天的任务。类似这样的加班加点经历比较多，在临近决赛的前一周，我们几乎都是这样度过的，每天在凌晨才回到宿舍。最后，我们获得了冠军。"

面试案例分析

刘同学列举了一个参加比赛并获得优异成绩的事例。在这个事例中，刘同学详细说明了在比赛过程中是如何加班加点和积极备赛的。这一经历能够体现出他在学习方面不达目标誓不罢休的劲头。但是，从考查学习能力的角度分析，面试官还需要对刘同学展开有针对性的提问，比如：

- 在四人的团队中，你担任了什么角色？
- 案例大赛的题目是否有难度？具体达到了什么难度水平？
- 在解决案例大赛中的难题的时候，你起到了什么作用？
- 你是如何通过学习来解决案例大赛中的难题的？

面试场景案例 2

面试官："张同学，请分享一个通过你自己主动学习解决了实习工作难题的成功案例。"

张同学："大三实习的时候，我在某银行信息专员岗位工作。主管给我的任务是在一个星期之内完成一个贵宾台账。制作这个台账要用到 Excel 办公软件。我对 Excel 技术还不太熟，而我又想给她展示一个高质量的贵宾台账。我就给自己定下一个目标，在完成日常工作之余，用一周时间学习 Excel 技术并完成贵宾台账。每天下班回到宿舍大概是晚上八点，我会花两个多小时的时间去看 Excel 教材，并在电脑上操作和练习。一周之后，我通过自学熟练掌握了 Excel 技术，然后结合相关的客户资料制作了一份高质量的贵宾台账，便于主管查阅。她看到成果时非常满意。"

面试官:"完成台账的工作,需要用到哪些Excel函数呢?"

张同学:"完成这个贵宾台账需要使用一些Excel的高级功能,比如数据筛选与排序、数据透视表功能,以及数据分析和处理函数VLOOKUP和SUMIF。此外,还可能涉及数据连接与外部数据导入的功能。"

面试官:"你说每天晚上回到宿舍都会学习两个多小时,具体是怎么学习的?"

张同学:"一边翻看Excel教材,一边在电脑上操作。记得头一两个晚上,怎么都学不进去,感觉Excel的高级功能很难懂而且很枯燥,我很想放弃。舍友建议我可以从网上搜寻Excel的教学视频或者由浅入深、循序渐进地学习,如果实在学不会,还可以在上班的时候请教有经验的同事。我听取了他的建议,感觉很有效果。在一个Excel的学习群里,我搜集到十几个Excel的教学视频。在视频中,我可以非常详细地了解如何一步一步使用这些高级函数,如果有些内容我还是看不懂,我还可以在学习群里向Excel高手请教。"

面试案例分析

"请分享一个通过你自己主动学习解决了实习工作难题的成功事例。"这个问题包含三个关键词,分别是"主动学习""工作难题"和"成功事例"。张同学详细地回答了面试官的提问,并证明了自己具备较强的学习能力，如表 2-5 所示。

表 2-5 对张同学学习能力的分析

三个关键词	张同学的事例
主动学习	我就给自己定下一个目标，在完成日常工作之余，用一周时间学习 Excel 技术并完成贵宾台账。每天下班回到宿舍大概是晚上八点，我会花两个多小时的时间去看 Excel 教材，并在电脑上操作和练习 一边翻看 Excel 教材，一边在电脑上操作 在视频中，我可以非常详细地了解如何一步一步使用这些高级函数，如果有些内容我还是看不懂，我还可以在学习群里向 Excel 高手请教
工作难题	主管给我的任务是在一个星期之内完成一个贵宾台账。制作这个台账要用到 Excel 办公软件。我对 Excel 技术不太熟，而我又想给她展示一个高质量的贵宾台账 完成这个贵宾台账需要使用一些 Excel 的高级功能，比如数据筛选与排序、数据透视表功能，以及数据分析和处理函数 VLOOKUP 和 SUMIF。此外，还可能涉及数据连接与外部数据导入的功能
成功事例	一周之后，我通过自学熟练掌握了 Excel 技术，然后结合相关的客户资料制作了一个高质量的贵宾台账，便于主管查阅。她看到成果时非常满意

虽然很多考生都会使用 Excel，但并不是所有人都能够使用 Excel 解决具体问题。张同学在一周之内通过主动学习 Excel 的高级功能最终给领导呈现了一份高质量的台账，这是一个可以证明他具备学以致用的能力的事例，也能体现出他具备积极主动和不达目标誓不罢休的学习态度。

【自测】

以下提问不属于典型的考查"学习能力"的是：　　　　（　　）

A. 分享实习工作期间，能够证明你学习能力强的案例。
B. 分享通过你主动学习解决一个工作难题的成功案例。
C. 分享通过学习掌握一项新的工作技能的成功案例。
D. 参加这个项目，最令你印象深刻的是什么？为什么？

答案：D

2.5　考查团队合作能力的面试场景

本节重点阐述如何通过提问和观察的方式快速考查求职者的团队合作能力，并结合两个面试场景案例说明如何评价求职者的团队合作能力。

2.5.1　校园招聘对团队合作能力的要求

团队合作是指与人相处时，对他人表现出信任和尊重，能够主动与身边的人（如同学或同事）协同、配合来达成工作目标，并能够恰当地处理与他人的分歧和矛盾。

在校园招聘的时候，企业通常会考查求职者的团队合作能力，尤其是面试那些应聘技术岗位的考生的时候，面试官会把团队合作能力作为重点考查项目。但是，有不少理工科背景的考生欠缺沟通和表达能力，导致在回答面试官问题的时候缺乏说服力，对此，面试官需要抓住团队合作中的"团队"二字进行提问，因为具备团队合作意识的人往往能够做到：

- 对身边的人包容和忍让，站在他人的角度思考问题，理解他人的难处，在有利益冲突的时候会选择在一定程度谦让，能够顾全大局。
- 在他人有困难的时候，主动提供帮助、协助、辅助或者支持，在团队成员缺席的时候，主动站出来进行"补位"，甚至做到无私付出。

2.5.2 考查团队合作能力的提问方式

第一种提问方式：请分享在校期间或者实习期间，最能够证明或体现你对他人谦让、忍让、包容，或者换位思考、理解他人的事例。

第二种提问方式：请分享在校期间或者实习期间，最能够证明或体现你主动帮助、辅助、协助、配合他人，或者对他人无私付出的事例。

以上两种提问方式都可以考查求职者的团队合作能力。在时间比较充裕的情况下，建议面试官把上面两种提问方式都用一遍，并结合求职者回答的内容进行追问，例如：

- 说说事情发生时的背景信息。
- 当时你是怎么想的，又是怎么做的？
- 哪些细节能够证明你具备谦让、忍让、包容，或者换位思考、理解他人的特点（或者哪些细节能够证明或体现你具备主动帮助、辅助、协助、配合他人，或者对他人无私付出的特点）？

如果求职者能够比较详细地回答面试官的追问，一方面证明他所举的事例是真实的，另一方面证明他很可能具有团队合作能力。

面试场景案例

当面试官以上述提问方式要求考生分享在校期间与同学相处的一个印象深刻的事例时，张同学这样回答：

上大二的时候，我是宿舍管理员。我们宿舍一共有八人，作为管理员，我的主要职责是确保宿舍的卫生和秩序符合学校要求。

有一段时间，学校老师检查宿舍卫生比较频繁。在老师检查之前，我要动员大家把各自的卫生搞好。但是，有位姓李的同学，他的个人物品总是整理得不太好，比如生活用品没有按能够从大局或者长远的角度处理好与他人的关系，避免因为情绪失控或者鲁莽冲动而造成对人、对己不利的后果。

对此，面试官可以提问：××同学，在校期间或者实习工作期间你是否遇到过让你感到难以相处的人？这个人可以是老师、同学，也可以是实习工作中的同事、上级或者客户。如果有，请分享相应的事例。

考生在回答这个问题的时候，面试官一定要追问细节，如"你为什么觉得这个人很难相处？"，或者"这个人对你说了什么，做了什么？哪些细节让你感到他是一个难以相处的人？"。

面试场景案例

面试官："在校期间你有没有遇到过难以相处的人？如果有，请举例。"

孙同学："有的。是我的舍友。"

面试官："说说当时发生了什么？比如哪些细节让你感到他是一个难以相处的人？"

孙同学："大一下学期的时候，我报名参加了第十六届'高教杯'全国大学生先进成图技术与产品信息建模创新大赛。参赛过程中，我要通过自学和课后做大量的练习来弥补专业知识的不足。为此我经常熬夜。为了不影响第二天上课，我希望回到宿舍后能尽快休息，但是每次当我回到宿舍的时候，下铺的舍友还在打游戏。可能是因为太沉迷于游戏，他会情不自禁地发出声响，而他却不自知。其实，他的做法已经影响了宿舍里其他同学的休息。"

面试官："当时你是怎么处理这件事的？"

孙同学："我和其他舍友都提醒过他，但是我下铺的舍友还是我行我素。"

面试官："既然你下铺的舍友已经影响了你和其他同学休息，对此，你们没有想过什么办法吗？"

孙同学："因为跟他沟通没有什么效果，有人提议大家联合起来教训他一下。"

面试官："你说的这个教训是指……"

孙同学："给他点'颜色'看看，也就是揍他一顿。"

面试官："然后呢？"

孙同学："我没有同意。"

面试官："说说当时你是怎么想的？"

孙同学："我的观点是即使我下铺的舍友不顾及其他人的感受，我们也不能揍他。首先，我们可以再想想有没有其他的解决办法，比如请班主任出面干预此事，或者宿舍成员开会商讨约束这位同学打游戏的行为。其次，如果真的把这位同学打了，能够解决问题吗？打人的事情会不会引发更加恶劣的后果？比如，他向学校领导反映，或者他的家长来学校闹事，或者他叫来一些校外人员再把我们打一顿……我认为，这些情况都有可能发生。如果出现了上述情况，宿舍里的每一个人都会受到不同程度的负面影响，最坏的结果可能是影响毕业或者有不良的档案记录！所以，我当时明确反对通过打人的方式来解决问题。"

面试官："那么，这件事情最终是如何解决的？"

孙同学："最终我说服了其他舍友，向班主任报告了此事，请班主任出面解决。班主任组织我们宿舍全体成员开会，并制定了'宿舍公约'，明确要求打游戏的这位同学遵守作息时间，否则会对他予以处分。这一做法确实起到了效果。"

面试案例分析

孙同学具备团队合作能力吗？

虽然孙同学所举的事例并没有体现出他具备换位思考和主动帮助他人的特点，但是，在处理与同学的矛盾或者冲突的时候，孙同学表现出了具备较强的团队合作能力。首先，孙同学没有选择通过武力方式解决问题，从而避免了可能引发的严重后果；其次，他能从全局和长远的角度思考问题，审慎选择比较稳妥的办法解决冲突。这件事发生在大一下学期，对刚满18岁的年轻人而言，做事鲁莽、冲动的情况并不少见。但是在处理冲突的时候，孙同学能有理有据地说服其他同学，表现出了同龄人身上少有的冷静和理性，最终避免了众人因一时冲动可能造成的恶劣后果。

【自测】

具备团队合作能力的考生可能有如下特点： （   ）

A. 能够谦让、忍让和包容他人

B. 主动理解他人或者换位思考

C. 主动帮助、协助和支持他人

D. 冷静处理人际矛盾和冲突

答案：ABCD

2.6　考查沟通能力的面试场景

本节重点阐述如何通过提问和观察的方式快速考查求职者的沟通能力，并举例说明什么是表达能力，什么是沟通能力，以及具备倾听能力所展现出的行为特征。

2.6.1　校园招聘对沟通能力的要求

先说说什么是表达能力？表达能力，通俗地讲，更多是指说话的能力。在与人交流的时候，具备较强的表达能力的人通常没有交流障碍，他们可以把话讲清楚，让对方听得明白，容易理解。具备更强表达能力的人还能做到有重点地表述，而且逻辑清晰，有条理。

什么是沟通能力？在两人以上的对话场景中，人与人之间需要通过语言和肢体动作等传递信息，这时候就体现了沟通能力。面试过程本身就是一个沟通过程，面试官和考生在一问一答之间相互了解，因此在10分钟、20分钟或者30分钟的面试过程中，面试官始终在考查考生的沟通能力。

校园招聘对考生沟通能力的具体要求是：

- 表达能力：能够把话讲清楚、说明白，表述的内容让对方容易理解。
- 理解能力：听懂问题的要求，回答时不偏题，不跑题，不答非所问。
- 倾听能力：在眼神、表情、肢体动作方面表现出倾听意识，不轻易打断他人讲话。
- 情绪互动：与面试官有情绪上的交流，如面带微笑、表示认同、征询意见、及时反馈等。

2.6.2 考查沟通能力的技巧

在考查沟通能力的时候，面试官会从表达能力、理解能力、倾听能力和情绪互动这四个方面入手。

首先，在考查表达能力的时候，面试官会重点关注考生能否做到"有重点和有逻辑"地回答。什么是"有重点"？即考生能言简意赅地表达自己的观点。什么是"有逻辑"？当考生做进一步阐述时，能够采用"第一、第二、第三"或者"首先、其次、再次"的方式有条理地组织语言。在实际的面试场景中，面试官经常会限定考生回答问题的时间，比如"用1分钟做自我介绍"或者"用1分钟说说自己的优势"等，其目的之一便是考查"表达能力"。

其次，在考查理解能力时，面试官可以通过考生的回答内容进行评判。如果多次出现偏题、跑题或者答非所问的情况，这很可能就暴露了考生的理解能力有问题。

再次，在考查倾听能力的时候，面试官主要通过观察的方式重点关注考生是否具备如下行为表现。

- 眼神关注：在与面试官沟通的时候，能够比较有礼貌和自信地看着面试官说话。
- 点头回应：如果听懂了面试官的意思，考生会通过表情或者肢体动作给出积极回应，如微笑或者点头等。
- 及时询问：如果没有听懂面试官的意思，考生会及时做出回应，如立即询问或者要求面试官重复等。
- 记录要点：如果身边有纸和笔，考生会记录下重要信息，避免遗漏或者遗忘。

- 不轻易打断对方说话：在与面试官沟通的时候，考生能够耐心倾听面试官所提的问题，不轻易打断对方说话，即使打断，也能做到有理有节，并且不会有频繁打断面试官的情况。

最后，情绪互动是一种外在的表现，面试官可以通过观察的方式进行评判。那些在较短的时间内能够让面试官产生亲切感乃至信任感的考生，大概率都具备不错的情绪互动能力。

面试场景案例

面试官："你认为自己的沟通能力怎么样？"

张同学："我有较强的沟通能力。"

面试官："给自己的沟通能力打个分，满分是 10 分，你打几分？"

张同学："我给自己打 8 分。"

面试官："请举例证明自己具备 8 分的水平。"

张同学："我认为沟通的目的是解决问题。良好的沟通能力需要良好的理解能力和表达能力，有时还需要一点情商。我举个例子。老师给我安排了一个组织会议的任务，很多参会人员我都不认识，要把大家召集起来，就需要与多方进行沟通。接到这个任务时，首先，我从全局构思如何将这个会议组织好。我主动与老师沟通并确认会议的主题、内容、时长及地点等，之后拟定会议大纲、发送会议通知，并与参会人员确认参会信息及注意事项。其次，我与其他会务人员沟通会议所需的物料，如水杯、茶叶、桌椅、条幅等，并指派人员进行筹备。最后，我精心准备了主持稿并负责会议主持工作，同时安排专人做好会议记录等。在与老师沟通时，我虚心请教，进一步明确任务要求并获取会议相关信息。在与参会人员沟通时，遇到了有人不配合的情况，我向其说明会议的重要性，从而说服他们参加。综上所述，在沟通中，我能做到准确理解老师的要求，做好计划和分工，然后积极协调各方人员，确保顺利完成任务。至于我为什么给自己打8分而不是10分，我认为自身还有提升的空间。"

面试案例分析

结合沟通能力的四个要素，具体分析如下：

首先，张同学具备理解能力和倾听能力。面试官一共问了三个问题，每次面试官问什么，张同学就回答什么，不偏题，不跑题。

其次，张同学具备表达能力。他比较清晰地阐述了一段在校经历，而且逻辑性比较强，有重点和有条理地描述了如何成功地组织了会议。

最后，如果在回答问题的时候张同学能与面试官有情绪互动，那么在沟通方面他可以得到高分。

> **【自测】**

以下哪个选项不属于典型的具备倾听能力的表现： （   ）

A. 眼神注视

B. 仔细记录

C. 点头回应

D. 表达流畅

答案：D

2.7 考查协调能力的面试场景

本节重点阐述如何通过提问的方式快速考查求职者的协调能力，并结合面试场景案例说明如何评价求职者的协调能力。

2.7.1 校园招聘对协调能力的要求

协调能力是指在日常工作中妥善处理与上级、同级、下级、外部客户等各种关系，善于影响和自己意见不同的人一道工作从而减少摩擦，以及调动各方积极性，以助力完成工作任务或达成目标的能力。在考查沟通能力的时候，重点看考生的表达能力、理解能力、倾听能力和情绪互动等。相比于沟通能力，协调能力是一种综合能力，对人的要求更高。在考查协调能力的时候，需要从四个角度对考生进行评价，分别是：

- 面对困难，有迎难而上的态度。
- 与人交流，具备沟通的技巧。
- 发现问题，有独立思考能力。
- 解决分歧，灵活应变方法多。

2.7.2 考查协调能力的提问技巧

在什么情况下会需要协调能力？当开展工作的时候，需要调动多人或多个团队，或者与公司内外部多个部门进行沟通、联络或者合作的时候，往往需要协调能力。因此，面试官可以结合以下场景考查协调能力：

- 组织或者参与团队活动的时候。
- 担任班干部，负责班级事务的时候。
- 实习期间跨部门工作的时候。

考查协调能力的提问方式总结如下：

- ××同学，你是否有成功调动他人配合你工作的事例？如果有，请举例。
- ××同学，请分享在校期间你参与或负责的一次让你印象深刻的活动的经历。

- ××同学，请分享在实习期间你参与的与多个部门沟通、联络或合作的事例。

上述三个问题都可以考查协调能力，面试官需要针对考生的回答进行追问，如表2-7所示。

表2-7 考查协调能力的问题及追问

具备协调能力的特点	问题	追问
面对困难，有迎难而上的态度 与人交流，具备沟通的技巧 发现问题，有独立思考能力 解决分歧，灵活应变方法多	××同学，你是否有成功调动他人配合你工作的事例？如果有，请举例	• 从哪些地方能看出对方不配合 • 你用了什么方法来调动对方
	××同学，请分享在校期间你参与或负责的一次让你印象深刻的活动的经历	• 你是活动的参与者还是负责人 • 你需要与哪些人合作或者配合 • 是否遇到了不配合或者不好打交道的人 • 当时你是怎么做的？结果如何
	××同学，请分享在实习期间你参与的与多个部门沟通、联络或合作的事例	• 你需要与哪些部门沟通、联络 • 与这些部门沟通是否顺利 • 哪个部门最让你感到为难 • 这个部门你需要跟谁沟通 • 为什么不好沟通，有什么困难 • 具体说说你用了什么办法，是如何协调的

面试场景案例

面试官："请分享在校期间，你参与或负责的一次令你印象深刻的活动的经历。"

张同学："在大二的时候，我是学院体育部足球队的负责人。在此期间，我组织学院的球队参加全校足球比赛。我们的目标是第一名，通过克服很多困难，最终实现了这个目标。"

面试官："拿到第一名的过程中，都有哪些困难？"

张同学："主要有三个困难。首先，组织球队训练和大家备考的时间是冲突的。其次，有两名核心球员参加训练的积极性不是很高。最后，最有力的竞争对手是体育特长生，和他们相比，我们没有明显的优势。"

面试官："其中，你感到最困难的是哪一个？"

张同学："我认为是第三个，即与强队相比，我们球队没有明显的优势。"

面试官："作为组织者，你是如何应对和克服的？"

张同学："首先，我会和每个球员进行沟通，调动他们参加训练的积极性。其次，我会发动球员的女朋友说服他们，让他们在不耽误上课的情况下参加训练。最后，我通过外联部门找到赞助公司为我们提供更好的装备来调动球员的积极性。但是，为了能与强队竞争，最重要的还是要提升体能和技能。我们的基本功本就不如人家，因此必须付出更多努力，每天早上 6 点，所有队员到操场做强化训练，从 6 点开始到 7 点 30 分结束，每天加练 1.5 小时。"

面试官："如此训练，你们坚持了多长时间来备战？"

张同学："大约是两个月的时间。"

面试官："平时你们几点起床？"

张同学："平时一般是 7 点起床。"

面试案例分析

张同学的事例是否满足面试官对协调能力的考查要求？答案是肯定的。

这是不是一个有关协调能力的事例？是的！因为在组织球队参加比赛的过程中，张同学需要调动队员的积极性，其间他需要沟通、协调或者说服队员参加训练。

张同学的协调能力具体如何？下面我们进行分析，如表 2-8 所示。

表 2-8 张同学协调能力的具体表现

协调能力的考查要素	张同学有哪些具体表现
面对困难，有迎难而上的态度	在队员积极性不高、对手实力比较强和备战时间不足的情况下，张同学仍然积极寻求解决办法，最终球队获得了第一名
与人交流，具备沟通的技巧	首先，会和每个球员进行沟通，调动他们参加训练的积极性。其次，会发动球员的女朋友说服他们，让他们在不耽误上课的情况下参加训练。最后，通过外联部门找到赞助公司提供更好的装备来调动球员的积极性

（续）

协调能力的 考查要素	张同学有哪些具体表现
发现问题，有独立思考能力	• 与强队相比，自身球队没有明显的优势是最大的困难 • 为了能与强队竞争，最重要的还是要提升体能和技能。基本功本就不如人家，因此必须付出更多努力，每天早上6点，所有队员到操场做强化训练，从6点开始到7点30分结束，每天加练1.5小时
解决分歧，灵活应变方法多	• 自己去说服队员参加比赛 • 如果自己不能说服队员，就发动队员的女朋友来帮助自己说服

综上所述，张同学基本上具备了协调能力所需的四个要素。但是，在时间允许的情况下，建议面试官继续追问几个细节问题，进一步了解张同学"与人交流时的沟通技巧"，比如：

- 在组织球员参加训练的时候，是否有难以说服的球员？你是如何跟对方沟通的？
- 你是如何发动球员的女朋友帮忙的？举例说明你是如何与对方沟通的。
- 每天早上加练，有没有不配合的球员？你是如何说服他们的？

在校园招聘的场景下，张同学所表现出来的特质与协调能力要素的契合度比较高，因此他属于协调能力比较强的考生。如果协调能力这一项的满分是 10 分，张同学至少可以得到 8 分。

【自测】

关于考查协调能力，以下描述肯定不正确的是：　　　（　　）

A. 协调能力是一种综合能力

B. 往往需要从多个角度考查

C. 协调能力近似于团队合作能力

D. 协调能力对人的要求高于沟通能力

答案：C

2.8 考查抗挫力的面试场景

本节重点阐述如何通过提问的方式快速考查求职者的抗挫力，并结合两个面试场景案例说明如何评价求职者的抗挫力。

2.8.1 校园招聘对抗挫力的要求

抗挫力，是指个体适应、抵抗和应对挫折的能力。抗挫力较强的人在面对困难、压力乃至失败时，能够保持积极的心态并主动采取应对措施。抗挫力强的人往往也具备较强的心理承受力、情绪调节能力和问题解决能力等。

2.8.2 考查抗挫力的提问技巧

考查抗挫力比较常见的问法是：

- 说说你从小到大经历的一次较为深刻的挫败或失败，并分析其中的原因。你如何评价这次经历？
- 在校期间或者实习期间是否有不顺利的时候？当时遇到了什么事情？说说事情的经过。

或者结合具体的场景进行提问，例如：

- 你担任过班干部吗？是否有过让你有挫败感的经历？如果有，请举例。
- 你组织过活动吗？是否有过让你有挫败感的经历？如果有，请举例。
- 你找工作顺利吗？是否有过让你有挫败感的经历？如果有，请举例。
- 你考试成绩理想吗？是否有过没考好的经历？如果有，请举例。
- 在实习期间，你是否有过让你有挫败感的经历，比如被同事误解、被客户投诉、被领导批评、工作没有做好等？

面试场景案例 1

面试官："在校期间或者实习期间，你是否有过让你有挫败感的经历？如果有，请举例。"

孟同学："我有过。在大三下学期，我认识了一位同年级的女生，她和我来自同一个城市。最初，我们在图书馆相遇。渐渐地，我们经常相约一起去看书，在学习方面也会相互鼓励。就这样，我们越走越近。但是，临近毕业的时候，她的父母给她找好了工作，希望她回老家生活，而我希望留在大城市发展。这就直接导致我们分手。我多次尝试说服她，甚至希望能够跟她的父母沟通，但都没有成功。因为她是我的初恋，所以我投入了很多感情。这件事情让我的情绪很低落，而且很有挫败感。"

面试案例分析

关于有挫败感的事例，如果考生列举情感方面的经历，面试官应如何评价？

在这个案例中，面试官的问题是："在校期间或者实习期间，你是否有过让你有挫败感的经历？"这个问题的限定词是"在校期间或者实习期间"。由于面试是一个比较正式的场合，通常情况下，考生都会描述学习或者实习方面的经历。在什么情况下，考生才会列举关于情感方面的事例？有一种可能是，考生实在找不出更合适的事例。此外，即使考生列举的关于情感方面的事例很励志，很感人，很真实，也不能证明考生在学习或者实习方面同样具备较强的抗挫力。

所以，在校园招聘的时候，如果考生列举关于个人情感方面的事例，面试官应该要求其换一个与学习或者实习相关的例子。

面试场景案例2

面试官："在校期间或者实习期间，你是否有过让你有挫败感的经历？"

张同学："说到让我有挫败感的经历，就是上大二的时候我竞选班长落选。"

面试官："说说事情的经过。"

张同学："在大一的时候，我是班长。按照班级规定，每年都要重新选一次班长。当时，我原以为能够顺利连任，没想到以失败告终。落选后，我想不开，情绪很低落，对老师和同学都有些意见。后来，老师找我谈心，建议我思考一下落选的原因。"

面试官："为什么会感觉有挫败感？"

张同学："落选的事情打击了我的自信心。当时我的感觉是好像被泼了一盆冷水或者狠狠地摔了一跤。"

面试官："你之前有过类似的感觉吗？"

张同学："几乎没有过。"

面试官："关于落选，你有分析过其中的原因吗？"

张同学："我的竞争对手李同学是高票当选，这说明同学们更愿意选举他当班长。我反思自己和他的差距在什么地方，回想在大一的时候，我把时间都花在了学习上，对于开展班级工作不是很积极。虽然我的学习成绩名列前茅，但是在跟同学之间的合作和沟通上，以及在举办和组织一些活动的时候，我不是很用心。"

面试官："然后呢？"

张同学："这让我重新思考一个问题——只有学习成绩才是最重要的吗？除了学习成绩，还有没有其他东西也很重要？作为班长，我是否称职呢？因此我做了一些调整，在保证不影响学习成绩的前提下，更加积极地参加班里的活动，并且带头组织同学举办晚会、歌唱比赛、辩论大赛，等等。逐渐地，我改变了自己在老师和同学心目中的印象，最主要的是我没有把竞选班长当作唯一目标，而是把全面提升自身素质当作主要目标，这种观念的转变让我收获很大。"

面试案例分析

结合张同学的事例，将整个面试过程做如下复盘：

第一，有挫败感的经历是什么？

竞选班长并期望连任，结果落选。

第二，这种挫折经历是一种什么滋味？或者说有什么心理感受？

想不开，情绪很低落，对老师和同学都有些意见。

第三，发生这件事情的原因是什么？

在大一的时候，张同学把时间都花在了学习上，对于开展班级工作不是很积极。虽然学习成绩名列前茅，但是在跟同学之间的合作和沟通上，以及在举办和组织一些活动的时候，他不是很用心。

第四，这件事情给张同学带来的教训是什么？或者从中总结了什么经验或教训，做了哪些反思？

他做了一系列的反思：只有学习成绩才是最重要的吗？除了学习成绩，还有没有其他东西也很重要？作为班长，自己是否称职？

第五，张同学做了哪些改变或者采取了哪些积极的行动？

他更加积极地参加班里的活动，并且带头组织同学举办晚会、歌唱比赛、辩论大赛，等等。逐渐地，他改变了自己在老师和同学心目中的印象。

第六，竞选失败之后，张同学获得了哪些提升或者成长？

最主要的是没有把竞选班长当作唯一目标，而是把全面提升自身素质当作主要目标，这种观念的转变让张同学收获很大。

综上所述，一个完整的"有挫败感的经历"应当包括：

- 有挫败感的经历是什么？

- 当时的心情如何？有哪些心理感受？
- 是什么导致了这次的挫败或者失败？
- 从这次经历中，你有哪些觉察、反思或者总结？
- 之后你采取了哪些积极的行动来改变现状？
- 最终获得了哪些提升或者成长？

对抗挫力的要求是：个体在面对困难、压力乃至失败时，能够保持积极的心态并主动采取应对措施。竞选失败后，张同学经历了情绪低落，但他能及时总结落选的原因，从自身找问题，吸取失败的教训并主动做出改变。从张同学的回答中可以看出，他具备较强的抗挫力。

【自测】

以下哪个问题不是考查抗挫力的： （ ）

A. 在实习期间是否有被他人误解的经历？如果有，请举例。

B. 在找工作的时候是否有被拒绝的经历？如果有，请举例。

C. 之前参加比赛和竞赛，是否有遭遇失败的经历？如果有，请举例。

D. 如果你提交的工作报告领导不满意，你认为他不满意的原因是什么？

答案：D

2.9 考查吃苦耐劳特质的面试场景

本节重点阐述如何通过提问的方式快速考查求职者是否具备吃苦耐劳特质,并结合两个面试场景案例说明如何进行评价。

2.9.1 校园招聘对吃苦耐劳特质的要求

吃苦耐劳的本意是指能适应艰苦的生活,并且能承担起繁重的工作。在校园招聘中,企业对吃苦耐劳特质的要求是希望考生在工作中能够保持踏实、专注的心态,并主动克服困难。

2.9.2 考查吃苦耐劳特质的提问技巧

企业之所以考查吃苦耐劳特质,主要是基于以下几种考虑:

第一,某些岗位的工作环境比较艰苦,需要在室外甚至野外环境下工作,例如建筑、电力、测绘、考古。

第二,某些岗位有明确的考核指标,且其工作目标实现难度比较大,很有挑战性,例如销售和销售相关的岗位。

第三,某些岗位的工作时间比较特殊,比如上晚班、常加班,甚至需要驻外(有时差),等等。

第四,某些企业的工作节奏比较快,领导的要求比较高,因此需要求职者具备较强的适应能力和抗压能力。

考查吃苦耐劳特质的提问方式如下:

- 从小到大有没有吃过什么苦？如果有，请举例。
- 实习期间，你是否有过在艰苦环境下工作的经历？如果有，请举例。
- 实习期间，你有没有做过与销售相关的工作？如果有，请举例。
- 在校期间或者实习期间，是否有过加班的经历？如果有，请举例。
- 实习期间是否碰到过比较严厉的或者对你要求比较高的领导？如果有，请举例。

通过打工经历也可以考查吃苦耐劳的特质，因此可以提问：

- 在校期间，你的经济来源是父母吗？
- 每个学期你的生活开销是多少？生活费够用吗？
- 在校期间，除了父母，你还有哪些经济来源？如果有，说说你的经历？（如果有打工经历，可以追问：是什么样的打工经历或者实习经历？具体做了什么？做了多久？克服了什么困难？收入是多少？获得了哪些成长或者有何收获？）

面试场景案例 1

面试官："从小到大有没有吃过什么苦？如果有，请举例。"

王同学："面试官，您说的吃苦是指？"

面试官："比如条件艰苦的、压力比较大的学习或工作经历，或者劳动强度比较大的经历，都可以。"

王同学："我明白了。大三的暑假期间，我跟其他几位同学一起去云南某地支教。就在放假之前，我获得了一个可以去云南双江县短暂支教的机会。这个县曾是贫困县，位置比较偏僻，需要大学生志愿者支教。具体经过是我们一行五人从北京出发坐火车到昆明，这一路上三十几个小时的车程比较辛苦（当时为了节省路费，买了比较便宜的绿皮火车票）。下了火车后，当地学校的领导派车把我们接送到目的地。一路上车子很颠簸，路程也很远。那时云南的天气比较闷热，到了目的地后，我们感到有些水土不服。不过这些困难都可以克服，唯独晚上睡觉的时候我们确实很难适应。当地蚊虫特别多，其中有些带毒的昆虫我们只在教科书里见过。每天清晨醒来，我们都会发现蚊帐外落了厚厚一层大大小小的、认识与不认识的死昆虫。作为一个女生，见到这些确实有点崩溃，但是一想到支教的意义，看到大山里孩子们的笑脸，就觉得这些都不算什么了。在这个过程中，我和小伙伴们谁也没有叫苦，谁也没有喊累，都坚持了下来。"

面试官："这次支教做了多长时间？"

王同学："做了一个月。"

面试案例分析

从这个案例中可以看出王同学具备吃苦耐劳的特质。在外界环境比较艰苦的情况下，她克服了种种困难，例如路途遥远、水土不服、蚊虫特别多等，坚持完成了一个月的支教工作。

王同学吃苦耐劳的特质主要体现在适应比较艰苦的生活环境方面，而支教工作本身是否有挑战性或者有难度，这个案例中没有具体描述。

面试场景案例 2

面试官："说说实习期间你的加班经历吧。"

张同学："在 A 公司，我有将近两个月的实习经历。当时入职三天后，公司安排我加入花山项目做助理。项目经理要求很高，我经常加班到晚上七八点，并且周六、周日也会加班。"

面试官："你是实习生，为什么还要加班？"

张同学："有两个原因。首先，公司提前告知会有加班的情况，我做好了心理准备，愿意接受工作上的挑战；其次，这个花山项目有大量的基础性工作，比如文件整理、数据调研、标书起草和修改等，这些工作内容我需要边学边做，多数情况是我主动要求加班的。"

面试官："具体说说你是怎么加班的？"

张同学："我在这个项目上工作了 3 周时间。在工作日，我经常会加班到七八点，主要是完成白天没有做完的事情；在投标的关键阶段，周六、周日我也会加班。一开始，项目经理让我做的是复印、打印、文字校正等工作。渐渐地，项目经理开始让我参与数据调研和统计工作，以及协助其他组员起草和修改标书。下班后，项目经理会组织大家做总结和复盘，我主要负责会议内容的记录和整理。周末，项目组召开紧急会议时，我也会参加。"

面试官："在此期间，你是否主动解决过什么工作难题？能否举个例子？"

张同学："好的。我需要使用Office办公软件，尤其是Excel的高级功能。由于我的Excel水平很差，我不得不经常请教身边的同事，这不仅耽误时间，而且工作质量也不高，导致下班的时候完不成工作，被领导批评。为此，下班后，我通过自学和反复练习来掌握Excel技术。当我熟练掌握Excel技术后，工作效率大大提升，工作质量越来越高，也就不需要加班了。当然，领导会给我安排新的工作任务，随之而来的是需要我掌握更多的知识和技能。我能明显感觉到自己的适应能力和抗压能力提升了。"

面试官："说说你对这段实习经历的感受。"

张同学："最大的感受是我能够坚持两个月没有放弃，对此我感到很骄傲和自豪。"

面试官："想过放弃吗？"

张同学："说实话，有想过。因为在这次实习中，我遇到的加班比较多，而且有些工作内容超出了我的能力范围。如果工作没有做好，也会被领导批评。"

面试官："你认为自己能够坚持下来最主要的原因是什么？"

张同学："就是坚持。越是想逃避或者放弃的时候，就越要提醒自己坚持，再坚持。其实现在来看，我已经适应了需要加班的工作了，因为我成长了，能力提升了！"

面试案例分析

通过张同学的实习经历，可以发现他具备吃苦耐劳的特质。

企业对考生吃苦耐劳特质的要求是：在工作中能够保持踏实、专注的心态，并主动克服困难。张同学符合要求，表现在：

第一，尽管实习期间加班比较多，但张同学仍然能够坚持两个月，这体现了他具备踏实和专注的特点。在实习期间，张同学既能够完成比较基础的工作，也能够完成难度比较高的工作。在压力面前，他的感受是：越是想逃避或者放弃的时候，就越要提醒自己坚持，再坚持。

第二，张同学能够主动克服困难，例如："这个花山项目有大量的基础性工作，比如文件整理、数据调研、标书起草和修改等，这些工作内容我需要边学边做，多数情况是我主动要求加班。"他还举了一个主动学习Excel技术的事例，从而体现出他在困难面前主动想办法解决问题的特点。

【自测】

以下哪个问题不是考查吃苦耐劳特质的问题： （ ）

A. 你是否有在条件艰苦的情况下学习或实习的经历？如果有，请举例。

B. 你认为什么是吃苦耐劳特质？你认为这个岗位需要具备吃苦耐劳特质吗？

C. 从小到大是否有锻炼自己吃苦耐劳特质的经历？如果有，请举例。

D. 在国外留学的时候你是否有吃苦的经历？如果有，请举例。

答案：B

2.10 考查严谨细致特质的面试场景

本节重点阐述如何通过提问和观察的方式快速考查求职者是否具备严谨细致特质，并结合面试场景案例说明如何进行评价。

2.10.1 校园招聘对严谨细致特质的要求

严谨细致是一种工作态度，是指凭借良好的习惯和规范的操作，在工作中降低出错率甚至不出差错，并追求高质量完成工作目标的做事风格。

2.10.2 考查严谨细致特质的观察技巧

考查严谨细致特质，可以通过观察法，在面试的时候留心考生是否具备以下特点：

- 按照面试的要求着装，穿着得体、举止稳重。
- 递交的简历上没有格式错误或者错别字。
- 有时间观念，能够准时参加面试，不迟到。
- 要求携带的个人资料都准备齐全，没有丢三落四的情况。
- 回答面试官问题的时候有条理，不自大，不浮夸。

在上述特点中，企业面试官最介意的是缺乏时间观念，比如记错了面试时间，面试当天出门较晚，在面试现场总比其他考生慢半拍，等等。

对银行而言，它们更加看重严谨细致特质，因此，会从考生的穿着、言行和举止等方面对其进行比较严格的考查。

2.10.3 考查严谨细致特质的提问方式

由于严谨细致特质是人们多年来养成的一种好习惯，这种好习惯在学习和工作中会有具体的行为表现，比如：

- 做事有计划性。
- 时间观念比较强。

- 做事情会有风险防控意识。
- 做事有始有终，不会半途而废。
- 会反复检查或者核查，避免出错。
- 做事有条理，善于分类整理。
- 查漏补缺、复盘或者总结经验。
- 做事情之前会进行缜密思考，并做好充分准备。
- 为了确保对方满意会主动与对方沟通需求。

如果一个考生具备上述的若干特点，那么他就是严谨细致的。如果面试官发现考生不具备上述的任何一个特点，那么这位考生很可能就不具备严谨细致的特质。

此外，面试官还可以通过以下提问方式进行考查：

"××同学，在校期间或者实习期间，你养成了哪些严谨细致的好习惯？"

这个问题的关键词是"好习惯"。面试官只要求考生回答"好习惯"，不需要考生展开话题详细回答。如果考生具备严谨细致的特质，他只要略加思考就可以回答有哪些"好习惯"，而且他回答的好习惯与上面列举的9个行为表现相似。尤其是当企业对严谨细致特质的要求比较高时，考生回答的"好习惯"不得少于上述9个中的任意3个。

如果考生需要思考比较长的时间才能回答出这些"好习惯"，

甚至他的回答有偏题和跑题的情况，那么大概率这位考生不具备严谨细致的特质。

面试场景案例

面试官："张同学，你是否具备严谨细致的特质？"

张同学："我具备。"

面试官："请分享在学校期间或者实习期间，哪些具体事例能够证明你具有严谨细致的好习惯？"

张同学："我有过一段暑期在超市实习的经历。在超市实习期间，每天需要处理很多琐碎的事情，这种经历有助于培养严谨细致的好习惯。接下来，我会举例说说我养成了哪些严谨细致的好习惯。第一个好习惯是有时间观念。我记得实习的第一天，我的带班师傅就嘱咐我一定不能迟到。在超市工作，一般需要提前15分钟到岗，因为有很多准备工作要完成。我谨记师傅的话，在一个多月的实习期间，没有一次迟到，得到了同事们的认可。第二个习惯是反复检查或者核查，避免出错。在这家超市，我主要负责办公用品和儿童玩具等区域的工作，包括打扫卫生、商品码放、补货、盘点库存、整理销售数据，等等。为了确保好的销售业绩，每天我都会按时检查商品的摆放情况，一旦发现有商品放错了位置就及时调整过来，或者一旦发现有商品损坏等就及时记录和汇报。这些工作经历有助于我养成反复检查或者核查，避免出错的好习惯。第三个习惯是关注数据。我发现我所负责的区域内的商品销售是有规律的，比如在周末的时候，儿童玩具的销售数据就很好。我的师傅教会我如何在电脑上查询畅销商品，如何统计销售数据，如何清理滞销商品并及时止损，等等。在超市实习的一个多月里，我的观察能力和心算能力得到了很好的锻炼。"

面试官："请你总结一下自己在严谨细致方面的好习惯。"

张同学："有时间观念；反复检查或者核查，避免出错；关注数据，这三个。"

面试案例分析

显然，张同学具备严谨细致的特质，原因是：

首先，张同学回答问题的方式有条理。他采用"总—分—总"的表达方式，围绕面试官的提问进行回答，没有偏题和跑题。

其次，张同学列举的有时间观念以及反复检查或者核查，避免出错，符合面试官对严谨细致特质的要求。

最后，张同学会关注销售数据的变化并总结其中的规律，这反映出他具备严谨细致的特质。

【自测】

1.以下哪个不是典型的严谨细致的好习惯： （ ）

A.反复检查或者核查

B.有计划性和有风险预案

C.紧张工作后适当放松

D.及时总结与复盘

答案：C

2.关于工作严谨细致的人通常有哪些特点，以下描述不正确的是：
（　　）

A.严谨细致的好习惯包括：有计划性、有始有终、有时间观念

B.严谨细致的人比较关注细节，会反复检查或者核查，避免出错

C.严谨细致就是挑剔和挑刺，甚至是吹毛求疵、咄咄逼人

D.具备严谨细致特质的人往往是那些经常批评别人的人

答案：CD

2.11　考查自我认知能力的面试场景

本节重点阐述如何通过提问的方式快速考查考生是否具备自我认知能力，并结合两个面试场景案例说明如何评价考生的自我认知能力。

2.11.1　校园招聘对自我认知能力的要求

自我认知也叫自我意识，是个体对自身存在状况的觉察，包

括对自己的行为和心理状态的认知。中国有一句古语,"人贵有自知之明",说的是一个人最可贵之处是能够正确地认识自己,强调了正确认识自己的重要性。

为什么在校园招聘的时候企业会考查求职者的自我认知能力?因为企业希望他们对自身的情况有比较深入和客观的了解,不妄自菲薄,也不狂妄自大。举个例子。领导批评小王时间观念差,希望小王养成准时和守时的工作习惯。其实领导对小王的批评是出于好意,可是小王听不进去。他觉得领导小题大做或者多管闲事,仍然我行我素。这说明小王可能没有意识到自己存在的问题,或者意识到了自己的问题,却不以为然。正所谓"良药苦口利于病,忠言逆耳利于行",从这件事情上可以看出小王的自我认知能力并不强。

2.11.2 考查自我认知能力的提问方式

以下是常见的考查自我认知能力的提问方式:

- 说说老师和同学对你的评价。
- 分别说说自己的优点和缺点。
- 你认为阻碍自己成长的最大的缺点是什么?
- 在实习工作中,你暴露了自己的哪些不足?说说当时发生了什么?

- 说说未来 3～5 年的职业规划吧？
- 对照你所应聘的岗位，分析一下自身的优劣势。

面试场景案例 1

面试官："请说说你的缺点或者不足。"

张同学："面试官，我的缺点是粗心大意。"

面试官："说说粗心大意对你有何影响？"

张同学："粗心大意对我的学习和工作会有不好的影响。但是，经过半年多的努力，我已经很好地改正了这个缺点。"

面试官："只用半年的时间就改正了，你是怎么做到的？"

张同学："老师建议我通过培养好习惯来改掉粗心大意的坏习惯。第一，培养准时和守时的时间观念，这一点有助于增强自律意识；第二，培养反复检查、核查的习惯，确保从自己手上出去的工作没有任何差错；第三，养成认真记录和保存资料的习惯，这是从细处着手让自己变得严谨。"

面试官："养成好习惯是否有难度？"

张同学："现在不难了，但最初 3 个月确实很不容易。毕竟培养一个好习惯需要经历一个过程，而且其间可能还会有反复。我也有想偷懒的时候，但是，一想到很快就要毕业了，我不能把这个缺点一直带在身上，否则将来上班后肯定会吃苦头，我就会打起精神，下定决心改正粗心大意的缺点。"

面试官："你现在完全改正了吗？"

张同学："很有成效。从最初我意识到要改正缺点到现在已经过了半年多时间，我看到自己的付出没有白费。现在我做事比大多数同学都要更严谨细致，但是我仍不敢掉以轻心，将来工作后，还要继续保持。"

面试案例分析

这个案例要从以下两个方面进行分析。

首先，从面试官提问的角度进行分析。现将面试官的问题总结如下：

- 请说说你的缺点或者不足。
- 说说粗心大意对你有何影响？
- 只用半年的时间就改正了，你是怎么做到的？
- 养成好习惯是否有难度？
- 你现在完全改正了吗？

在考查张同学的自我认知能力的时候，面试官从他的"缺点"入手，采用层层递进的方式展开提问。为了验证张同学所说的内容是否属实，面试官追问："只用半年的时间就改正了，你是怎么做到的？"

在考查求职者缺点的时候，有的面试官会习惯性地问"你打算怎么改正缺点？"或者"你计划如何改正缺点？"。然而，"我打算""我计划"等描述不代表求职者一定会付诸行动去改正缺点。相比于了解考生有什么缺点，了解考生是否有勇气、有毅力、有方法来改正自身的缺点更重要。因此，面试官要把"你打算如何改正缺点？"的提问方式改换成"你做过哪些尝试来改正缺点？""你是如何努力改正缺点的？""说说你改正缺点的过程"等类似的问法。

其次，从张同学回答的角度进行分析，可以看出，她具备较强的自我认知能力，因为：

- 能够坦诚地说出自己的缺点。
- 能够清晰阐述如何一步一步地改正缺点，具备知错就改的特质。
- 进一步说明改正缺点的成效，让面试官相信自己有能力改掉不足。

综上所述，"请说说你的缺点或者不足"主要考查求职者对自身缺点或不足是否有清晰和客观的认知。然后，面试官再进一步追问求职者为了改正自身缺点都做了哪些努力，结果如何？假如求职者真的意识到自身存在的缺点，并且意识到这个缺点有可能阻碍自身成长，他一定会有改正缺点的意愿，这说明他可能具备了自我认知能力。

在考查对自身缺点或不足的认知时，需要注意：

- 考生能否坦诚地回答关于自身缺点的问题。
- 考生能否举例说明自己是如何改进不足的，注意，不是打算改进，而是已经做出了努力或者尝试。
- 如果有撒谎的情况，考生在回答如何努力改进不足时，往往给不出具体事例。一旦发现有撒谎或者隐瞒事实的情况，面试官需要予以重视，并对此种行为进行记录和酌情扣分。

面试场景案例 2

面试官："田同学，说说未来 3～5 年的职业规划。"

田同学："我应聘的是人力资源部门管培生的岗位。我的规划是在 5 年内成为人力资源部门主管。"

面试官："你是什么时候有这个想法的？"

田同学："这个想法是在我实习期间逐渐形成的，确切地讲是在去年的暑假实习期间。"

面试官："虽然规划的是未来的事情，但是我想知道为了实现这个规划，你都做了哪些准备？进展如何？"

田同学："我认为在 5 年内成为人力资源部门主管是一个短期目标。实现这个目标需要有一个前提，即毕业后我能进入一家公司从事人力资源的工作。为此，从去年到现在，我做了以下准备。第一，在专业方面，我努力学习，成绩优秀，确保自己的学习成绩有竞争优势。第二，在阅读方面，我利用课余时间自学了人力资源相关知识，包括知名大厂的人力资源管理案例和国外最新的人力资源方面的图书。第三，在实践方面，我加入了导师组织的两个人力资源相关的课题小组，分别是 A 企业员工满意度调研和 B 企业新员工轮岗方案设计。第四，在实习方面，我有过为期两个月的人力资源助理实习工作经历。我想表达的是，为了能够一步一步实现规划，我把精力主要都放在了与人力资源相关的事情上。当然，要实现在 5 年内成为人力资源部门主管的目标，我还需要进一步规划好今后每一年的工作计划。在这方面，我的想法可能不太成熟，还需要各位面试官给些建议……"

面试案例分析

考查未来的职业规划也能反映考生是否具备自我认知能力。缺乏自我认知能力的考生往往会表现出一脸茫然、不知所措，回答的内容也含糊不清。出现这种情况的主要原因可能是：一方面，考生没有重视面试，没有提前思考和准备有关"未来职业规划"的问题；另一方面，在校期间考生没有想清楚毕业后的职业目标和发展路径。具备自我认知能力的考生会有比较明确的职业目标和职业规划，甚至在回答问题的时候还会清晰阐述有说服力的行动措施。

再好的职业规划，也需要"始于足下"。对比以下两种提问方式，看看有何差异？

第一种：你打算如何实现未来的职业规划？

第二种：为了实现职业规划，到目前为止，你都做了哪些准备，进展如何？请举例。

第一种的关键词是"打算"，意思是"想要""预计""计划"，这代表"可能会"；而第二种的关键词是"到目前""哪些准备""进展如何"，这表示"已经付诸实施"，甚至可能"已初见成效"。

在这个案例中，田同学的目标是在 5 年内成为人力资源部门主管。为了实现这一目标，她都做了哪些准备？是否有进展？是否有实例加以证明？围绕这些问题，田同学比较详细地描述了过往的学习和实践经历，这大大增强了其回答此问题的说服力，如表 2-9 所示。

表 2-9　为实现职业规划，田同学做了哪些准备

从四个方面做准备	准备内容
专业方面	努力学习，成绩优秀，确保自己的学习成绩有竞争优势
阅读方面	利用课余时间自学了人力资源相关知识，包括知名大厂的人力资源管理案例和国外最新的人力资源方面的图书

（续）

从四个方面做准备	准备内容
实践方面	加入了导师组织的两个人力资源相关的课题小组，分别是A企业员工满意度调研和B企业新员工轮岗方案设计
实习方面	有过为期两个月的人力资源助理实习工作经历

正是因为田同学对自己有明确的认知，她才会有比较清晰的目标并为之努力，而她所做的各项准备都将有助于她实现目标。

2.12 考查服务意识的面试场景

本节重点阐述如何通过提问和观察的方式快速考查考生的服务意识，并结合面试场景案例说明如何评价考生的服务意识。

2.12.1 校园招聘对服务意识的要求

什么是服务意识？

举个例子。假设你乘坐出租车前往某地，在到达目的地之后，你对司机的服务给出了很高的评价。经你回忆，司机的以下行为让你感到印象深刻：

- 他主动帮助你把行李放到后备厢里。
- 你一坐上车，他就热情又礼貌地向你问候。

- 在行程中，他询问你的乘车感受，比如是否需要调整车内空调的温度。
- 当你发现自己的手机电量严重不足时，司机主动借给你充电宝，解决了你的燃眉之急。
- 到达目的地时，司机提醒你不要遗忘个人物品并与你礼貌道别。

总结一下，司机的服务意识体现在如下三个方面：

第一，态度热情。

第二，使用礼貌用语，尊重乘客。

第三，助人为乐，为乘客排忧解难。

结合上面的例子可知，所谓客户服务是指在对待客户的态度上，以及与客户沟通及满足客户需求的时候所表现出来的为客户提供价值的各种细节。所谓服务意识是指为客户提供服务的主观能动性或者自觉主动性。很多企业在招聘销售人员的时候，考虑到岗位工作的需要，都会重点考查服务意识。

2.12.2 考查服务意识的方式有哪些

下面以某银行校园招聘客户经理岗位为例，说明如何考查服务意识。

如果求职者曾经有过销售相关的经历，提问方式如下：

- 请分享通过你细心、周到的服务赢得客户认可并达成销售的事例。
- 你认为在销售过程中需要哪些客户服务技巧？举例说明。

如果考生没有销售相关的经历，提问方式如下：

- 分享一个你助人为乐的事例，最好是令你印象特别深刻的事例。
- 分享一个你通过主动帮助他人并使其受益，而感到有成就感的事例。
- 你应聘的岗位需要求职者具备良好的服务意识，你具备吗？如果具备，请举例说明。

除了提问以外，还可以采用情境模拟的方式，考查求职者是否具备服务意识。比如：面试官和求职者一起模拟在银行网点发生的某个场景。场景内容是：面试官扮演一个客户，到银行网点办理大额取款；考生扮演大堂经理。客户因为赶时间，希望能尽快办理取款，但是该网点排队的人比较多，客户只能向大堂经理求助。

在这个场景下，要判断求职者是否具备服务意识，面试官可以通过观察其是否具有如下行为特点：

- 服务态度热情。

- 使用礼貌用语。
- 询问客户需求。
- 对客户需求快速做出回应。
- 即使在被客户为难甚至刁难的时候，仍然保持礼貌对待。
- 在整个服务过程中保持耐心。

如果采用情境模拟的方式考查服务意识，需要注意两点：首先，情境模拟对面试时长有要求，一般情况下，模拟一个场景需要 3～5 分钟的时间；其次，在模拟过程中，面试官应重点观察求职者是否展现出具备服务意识的行为特征，即上述六点，但是，不是所有求职者都能做到上述六点，因此面试官可以根据他们的表现酌情加分或减分。

面试场景案例

在 A 银行校园招聘会的现场，面试官使用情境模拟的方式考查刘同学是否具备服务意识。

面试官："刘同学，你准备好了吗？我扮演来到网点的客户，你扮演大堂经理。"

刘同学："面试官，我准备好了。"

面试官："你是大堂经理吗？我很着急，我要取款。"

刘同学："先生您好，您别着急，请问有什么具体需求？"

面试官："我家里着急用钱，而且是用现金，我想取现金。"

刘同学："您需要取多少现金？"

面试官："这张银行卡里有 35 万元存款，我要取 30 万元。"

刘同学："您把银行卡给我，我先给您排个号吧。"

面试官："好的。"

刘同学："您现在是 11 号，需要等待叫号。"

面试官："什么？！11 号！我要等多久呀？"

刘同学："肯定要等一会儿，具体等多长时间，我现在也不确定。"

面试官："我很着急，我希望现在就能取钱。姑娘，你帮我做个加急吧。"

刘同学："先生，您先在沙发上休息一下，我想想办法，但是也要等一会儿。"

面试官："不行，我最多等 10 分钟。你看 3 号柜台就要结束了，你给我安排在 3 号柜台办理吧。"

刘同学："先生，我马上去落实，看看哪个柜台能尽快给您办理。不过，您要给我一点时间，沟通协调是需要一点时间的。"

面试官："好的，请尽快，我刚才说了，最多等 10 分钟……"

面试案例分析

在这个模拟场景中，刘同学的表现契合服务意识的三项要求，它们分别是：

- 使用礼貌用语。
- 询问客户需求。
- 对客户需求快速做出回应。

但是，要判断刘同学是否最终满足了客户需求，以及客户对刘同学的服务是否满意，在模拟的时候，面试官还可以适当加大考查的难度。例如，可以通过下面的对话来进行：

面试官："大堂经理，你协调好了没有，已经过去10分钟了。"

刘同学："先生，很抱歉，还需要一点时间。"

面试官："我真的特别着急，家里人都在等我。你看看，这10分钟过去了，我前面还排着9个人。"

刘同学："先生，我给您解释一下。刚才的10分钟您没有白等。我已经通知柜台里面的同事开始准备您的30万元现金了，一会儿排到您的时候，可以尽快办理。另外，刚才我把排在您前面的客户都问了一遍，看看有没有人不着急办理，可以让您先办理。"

面试官："结果怎么样呀？"

刘同学："您是11号，排在您前面的9号说不着急，可以让您先办理，您看可以吗？"

面试官："9号呀。还有没有更前面的号呢？"

刘同学："目前没有了。但是我会帮您盯着，如果有可能往前面排，我就马上通知您，您看可以吗？"

面试官："既然这样，也可以。先这样吧……"

在这段对话中，刘同学在服务意识方面的表现更加突出。因为她做到了：

- 即使在被客户为难甚至刁难的时候，仍然保持礼貌对待。
- 在整个服务过程中保持耐心。

最为关键的是刘同学尽最大努力满足客户的需求，这是服务意识最主要的体现。如果刘同学只是表现出服务态度好，而没有满足客户的需求，就不能算是具有服务意识。

综上，在考查服务意识的时候，面试官不仅会观察求职者是否做到态度热情、使用礼貌用语和有耐心，还会考查求职者使用什么方法解决客户的难题和满足客户的需求。

【自测】

关于考查服务意识，以下描述正确的是： （　　）

A. 可以通过提问和观察的方式考查服务意识

B. 可以通过模拟工作场景的方式考查服务意识

C. 具备服务意识还体现为乐于助人和耐心细致

D. 在招聘销售、客服、前台接待等岗位工作人员的时候，需要考查服务意识

答案：ABCD

2.13 考查应变能力的面试场景

本节重点阐述如何通过提问和观察的方式快速考查考生的应变能力,并结合两个面试场景案例说明如何评价考生的应变能力。

2.13.1 校园招聘对应变能力的要求

所谓应变能力,简单地说,就是应对变化的能力。具体而言,它是指面对意外事件和身处压力下,能够迅速地做出反应,并找到恰当的方法使问题得以妥善解决的能力。应变能力强的考生会有如下表现:

- 面对紧急和突发事件,不犹豫,迅速做出反应。
- 身处压力时,遇事不慌,承压能力比较强。
- 即使在不顺利的时候,也能控制好自己的情绪。
- 冷静思考,在较短的时间内找到解决问题的办法。

2.13.2 考查应变能力的方式有哪些

在考查应变能力的时候,面试官需要结合招聘岗位的要求进行提问,例如以下四种情况。

第一种情况,岗位需要考生具备应变能力,但是没有给出更为具体的说明。在这种情况下可以提问:

- 在应对突发事件方面，你有过什么经历吗？分享一个让你印象深刻的事例。
- 请分享在校期间或者实习期间，虽然时间紧张、任务艰巨，但是你仍然较好地将工作完成的事例。

第二种情况，客服岗位需要考生具备面对客户投诉的应变能力。在这种情况下可以提问：

- 说说在校期间或者实习期间，你遇到过的让你感觉难以相处的人，说说他对你说了什么或者做了什么？你是如何与他相处的？你们的关系后来怎样了，结果如何？
- 在实习期间，你是否处理过客户投诉的事情？如果是，具体说说你是如何处理的？结果如何？

第三种情况，销售岗位需要考生具备在市场拓展、客户拜访、商务谈判等场景下的应变能力。在这种情况下可以提问：

- 实习期间，你是否有过市场拓展的经历？如果有，请分享一个比较成功的事例。
- 实习期间，你有过陌生拜访客户的经历吗？如果有，具体说说过程，以及结果如何？
- 实习期间是否有过比较成功的销售事例？如果有，具体说说你是如何做到的，比如你是如何跟客户达成销售的？

第四种情况，某些岗位需要应对比较复杂的人际关系，比如跨部门协调或者组织人数较多的团队活动。在这种情况下可以提问：

- 实习期间，你是否需要跟多个部门打交道？有没有让你印象比较深刻的经历？如果有，请举例。
- 在校期间或者实习期间，你是否参加过团体活动，最好是由你组织或者负责的活动。如果参加过，组织这个活动是否有困难？是什么困难？你是如何应对的？

考查求职者是否具备应变能力，面试官还可以通过观察其是否有如下特点：

- 在回答问题的时候，快速响应。
- 自信、开朗、幽默，性格外向。
- 具有快速学习能力，能够举一反三。
- 处事沉稳，有主见，沉得住气。

面试场景案例 1

面试官："在校期间或者实习期间，你是否参加过团体活动，最好是由你组织或者负责的活动。"

考生："面试官，我参加过。"

面试官："具体说说你在活动中扮演什么角色。"

考生:"我是学校迎新活动的组织者,主要负责组织近百人筹备迎新晚会,包括节目排练和后勤保障。"

面试官:"你说有近百人参加了活动?"

考生:"是的。参加节目排练的演员将近80人,有跳舞的、合唱的、朗诵的、演小品的和说相声的,等等;参与后勤保障的同学有18个人。"

面试官:"组织这个活动是否有困难?是什么困难?你是如何应对的?"

考生:"最困难的是协调大家的时间,尤其是参加集体表演的同学,他们的时间各不相同,很难凑到一起。我想了一个办法,既然白天大家很难协调一致,那就集中到晚上8点或者在周末进行排练。结果这个方法有效,绝大多数同学都比较配合,这个困难就解决了。还有一个困难是原本参与后勤保障工作的5位同学被老师抽调走了,剩下的人手不够。我采取了两个办法。第一,征求现有同学的意见,把后勤工作重新进行分配,把调走的5位同学的任务分配给了其他同学;第二,我在微信群里征集志愿者加入,最终确定了10位同学作为晚会当天的机动人员,他们协助我们处理一些琐碎的事情。"

面试案例分析

现在结合应变能力的定义,对考生的表现做出评价。

应变能力是指在面对意外事件和身处压力时，能够迅速地做出反应，并找到恰当的方法使问题得以妥善解决的能力。

首先，考生描述的事件背景符合"面对意外事件和身处压力时"这一条件。第一个事件是参加排练的人数较多，有将近 80 人，导致协调排练时间有较大难度，这给考生造成了压力；第二个事件是 5 位参与后勤保障工作的同学被抽调走了，造成人手不够，这属于突发的意外事件。

其次，在解决困难的时候，考生能够迅速做出反应并找到恰当的方法，使问题得以妥善解决，具体内容可以参照上述考生所描述的事情经过。

由此可见，考生的表现符合面试官对应变能力的要求。

面试场景案例 2

在考查应变能力的时候，除了让求职者举例，面试官还可以采用情境模拟的方式，比如下面的案例。

面试官："假设在某个周末，你正好在逛街。公司领导给你打电话说有件事情很紧急，要求你在 1 小时内完成。你发现这件事情不能在手机上操作，而且时间紧张。你如何应对？"

考生："要在 1 小时内完成吗？"

面试官："是的，时间很紧张。提示一下，你可能需要一台电脑。"

考生:"首先,我会用手机搜索附近是否有网吧或者咖啡厅。如果有网吧,我可以在网吧使用电脑解决工作问题。如果没有网吧,我只能借一下别人的电脑。而在咖啡厅,我会更有机会碰到商务人士,他们可能会携带笔记本电脑。"

面试官:"我们来模拟一个场景。你在咖啡厅看到我正在使用笔记本电脑,给你3分钟时间,尝试从我这里借用电脑。"

考生:"先生,您好。我能打扰您一小会儿时间吗?"

面试官:"你有事吗?我现在有点忙。"

考生:"抱歉,打扰了。我不是推销员。我路过咖啡厅,就进来坐一会儿。请问您现在是在办公吗?"

面试官:"是的,我在写一封邮件。怎么了?"

考生:"我冒昧地问一下,等您写完邮件,我想借用一下您的电脑,不知可不可以呀?"

面试官:"抱歉,我的电脑不能外借。"

考生:"虽然我很希望您能把电脑借给我,但是您拒绝我的请求也是合情合理的,毕竟我们初次见面。就在刚才,我的领导给我打来电话,希望我马上解决一个问题,我需要一台电脑,所以才向您提出了请求。"

面试官:"明白了。很抱歉,你再看看,找别人借吧。"

考生:"刚才占用了您的时间,我很抱歉。您写完邮件后,能否允许我上网看一下我的邮箱?不会占用您太长时间,我想看看领导给我安排了什么任务，可以吗？如果您有顾虑，可以在旁边看着我操作电脑。"

面试官："你大约需要多久？"

考生："5分钟可以吗？"

面试官："好吧，最多给你5分钟，因为过一会儿，我要去别的地方了。"

考生："太感谢了。"

面试案例分析

通过情境模拟的方式考查应变能力是一种比较常见的面试方法。在这个案例中，如何评价考生的应变能力呢？

面试官假设的场景是要求考生在3分钟时间内想办法借用电脑。虽然考生还没有借到手，但是经过多番努力，他取得了一点成效，即陌生人可以把电脑短暂借给他使用5分钟。这位考生是如何做到的？

第一步：向陌生人礼貌问候。

第二步：主动解释自己不是推销员，消除陌生人的疑虑。

第三步：向陌生人表明自己的来意，解释借电脑的原因。

第四步：被陌生人拒绝后，仍然向其表示感谢和理解。

第五步：没有完全放弃，与陌生人探讨短暂借用电脑的可能性。

第六步：向陌生人承诺只用 5 分钟，并且可以观看自己操作电脑。

接下来结合应变能力的定义，对考生的应变能力进行评价。

应变能力是指在面对意外事件和身处压力时，能够迅速地做出反应，并找到恰当的方法使问题得以妥善解决的能力。要在 3 分钟时间内从陌生人那里借用电脑（一般情况下，电脑是比较贵重或者私密的物品），难度是比较大的，这个场景符合意外事件和有一定压力的要求。那么考生是否迅速做出了反应，并找到了恰当的方法呢？虽然他没有从陌生人那里借到电脑，但是在 3 分钟时间内，而且在事先没有任何准备的情况下，考生处理得比较周到，也取得了一点成效。综上，这位考生具备较强的应变能力。

【自测】

以下哪个问题不是考查应变能力的：　　　　　　（　　）

A. 请分享在校期间你处理紧急和突发事件的经历。

B. 如果下班前领导又给你安排了新的工作任务，你会怎么办？

C. 在实习期间，你是否遇到过比较棘手的事情？如果是，请举例。

D. 你组织过什么活动吗，是否遇到过难以处理的事情？如果是，请举例。

答案：B

2.14 考查阳光心态的面试场景

本节重点阐述如何通过提问和观察的方式快速考查求职者是否具备阳光心态，并结合面试场景案例说明如何对考生的表现做出评价。

2.14.1 校园招聘对阳光心态的要求

阳光心态是一种积极、宽容、感恩、乐观和自信的心智模式。是否具备阳光心态，主要看遭遇逆境或者不顺利的时候，个体在处事态度和应对方式上是否能体现出积极、乐观的特点。

举一个关于阳光心态的例子：

在校期间，某次篮球比赛中，小李不小心腿部受伤，到医院检查后发现左腿的小腿骨折。医生嘱咐小李安心静养3个月。当时离期末考试还有1个月左右，小李既要养伤也要准备考试，还是感受到了一些压力。

对于这次遭遇，小李是如何看待的呢？他给父母打电话的时候是这样说的："放心，我会照顾好自己，遵从医生的嘱咐，好好养伤。我的身体素质比较好，很快就会康复。我会好好为期末考试做准备，争取顺利过关。"

接下来，小李又是怎么做的？

首先，他遵从医生的嘱咐，定期换药和复查。

其次，在同学的协助下，做一些简单的康复动作。

再次，主动联系老师领取复习资料，积极备考。

最后，他还抽时间学习英语六级的相关资料，准备下学期报考。

结果是小李克服了种种困难并顺利通过了期末考试。

由于在处事态度和应对方式上都体现出了小李具备积极、乐观的特点，所以可以认为小李具备阳光心态。

2.14.2　考查阳光心态的方式有哪些

在顺境之中，很难看出一个人是否具备阳光心态。而在逆境之中，往往才能看出一个人是否具备阳光心态。因此，考查阳光心态需要结合具体场景来提问，比如：

- 被同学误解时。
- 参加比赛失利时。
- 找工作不顺利时。
- 受到领导批评时。
- 被客户拒绝时。
- 被客户投诉时。
- 工作中遇到挑战时。
- 工作环境比较艰苦时。
- 与同事出现分歧时。

结合具体场景考查阳光心态，可参考如下提问方式：

- 是否有被他人误解的经历？如果有，说说当时的经过。
- 是否有参加比赛失利的经历？如果有，说说当时的经过。
- 大学期间找实习工作时是否顺利？遇到过什么困难吗？如果遇到过，说说当时的经过。
- 说说被老师或者领导严厉批评的一次经历。他为什么批评你？当时他对你说了什么？
- 回忆一次被客户拒绝的经历，他是怎么拒绝你的？当时你是怎么想的？又是怎么应对的？
- 说说你经历的印象最深的一次与工作相关的挫折或者失败经历。
- 是否有在比较艰苦的工作环境下工作的经历？如果有，说说当时的经过。
- 说说你遇到过的最挑剔的客户？有多挑剔？你是怎么跟他打交道的？
- 说说你遇到过的最难相处的领导或者同事？他有多难相处呢？你是怎么跟他相处的？

考查阳光心态，面试官还可以观察求职者是否有如下特点：

- 表情自信，面带微笑，有亲和力。

- 有换位思考的能力，能够为他人着想。
- 情绪稳定且平和，没有消极、悲观、焦虑、抑郁等相关言行。

面试场景案例

面试官："你是否有参加比赛失利的经历？"

鲁同学："有的。"

面试官："是什么比赛？"

鲁同学："是足球比赛。我所在的足球队连续两年获得全校第一名，但是第三年参赛的时候，在初赛时我们就被淘汰了。我们的目标是进入前三名，但没想到那次的成绩如此之差，出乎大家的意料。"

面试官："造成比赛失利的原因是什么？"

鲁同学："作为球队队长，我负主要责任。对于这次失败，我总结了以下三点教训。第一，不重视比赛。上大三了，每个人都要忙各自的事情，不像之前对比赛那么重视了。第二，自满和大意。比赛前所有队员都自信满满，结果'骄兵必败'的事情就在我们身上发生了。第三，缺乏上进心。我们不是没有进入前三名的机会，毕竟球队的底子很好，但是与其他球队相比，我们不仅组织训练的次数最少，也没有开会研究技术、战术和竞争对手。"

面试官："当时参加比赛失利这件事情有没有给你带来消极情绪？"

鲁同学："这件事情确实对我有一些影响，主要是来自身边队友的声音。有的队员说这只是一场比赛，无论输赢都不要太在意；有的队员比较消极，他们抱怨裁判评判不公平，指责其他队友不争气。"

面试官："当时，你的想法是什么？"

鲁同学："面对失败，逃避、抱怨或者指责都不是我想要的结果。我冷静地思考了这次经历对我有什么启发或者帮助。"

面试官："这件事情对你有什么启发或者帮助呢？"

鲁同学："我认为成功会带给人喜悦，而失败则让人获得成长，并且越是刻骨铭心的失败，人们从中获得的成长越显著。比赛失利让我开始反思人性的弱点，比如骄傲、自满、懒惰。我明白了最大的敌人不是来自外界，而是自己。因此我告诫自己，在顺境中要保持头脑清醒，在逆境中则要不断反思和总结经验。"

面试官："你说得很好。能举个例子说明经历这件事情后你的成长吗？"

鲁同学："可以的。A公司招聘实习生，我和其他9位同学都被录用了。虽然在实习生中我的教育背景非常优秀，但是我告诫自己要谦逊和低调，并对自己严格要求。在实习期间，我把完成工作当作是一场球赛，认认真真地对待，不敢掉以轻心。即使偶尔工作结果不好，我也是先从自身找原因，很少抱怨或者指责他人。就这样，无论在考勤还是工作质量和团队合作等方面，我都是实习生中表现最出色的。"

面试官："所以，这段实习经历与你所说的足球比赛有什么关系？"

鲁同学："从那场比赛中，我找到了失败的原因，并提醒自己在实习的时候引以为戒。因此，我感谢那段经历，更要感谢从中获得成长的自己。"

面试案例分析

在这个案例中，如何评价考生的阳光心态？

遭遇逆境或者不顺利的时候，具备阳光心态的人在处事态度和应对方式上，能体现出积极、乐观的特点。在这个案例中，鲁同学是怎么想的？他的描述是："我认为成功会带给人喜悦，而失败则让人获得成长，并且越是刻骨铭心的失败，人们从中获得的成长越显著。比赛失利让我开始反思人性的弱点，比如骄傲、自满、懒惰。我明白了最大的敌人不是来自外界，而是自己。因此，我告诫自己，在顺境中要保持头脑清醒，在逆境中则要不断反思和总结经验。"在最后，他还强调："从那场比赛中，我找到了失败的原因，并提醒自己在实习的时候引以为戒。因此，我感谢那段经历，更要感谢从中获得成长的自己。"由此可以看出，鲁同学具备积极和乐观的心态。从行为上来讲，也能体现出他具有阳光心态。在实习期间，鲁同学保持谦逊和低调，并对自己严格要求，无论在考勤还是工作质量和团队合作等方面，都是实习生中表现最出色的。

综上所述，这个案例不仅能够体现出鲁同学具备阳光心态，还能够体现出他具备较好的自我认知和反省的能力。

【自测】

关于阳光心态的描述，哪些是正确的：　　　　　　　（　　）

A.阳光心态是一种积极、宽容、感恩、乐观和自信的心智模式。

B.具备阳光心态的人会采取积极主动的方式应对困难和挑战。

C.可以通过提问和观察的方式考查阳光心态。

D.性格外向的人一定具备阳光心态。

答案：ABC

2.15　考查求职动机的面试场景

本节重点阐述如何通过提问的方式快速考查求职者的求职动机，并结合多个面试场景案例说明如何评价求职者的求职动机。

2.15.1　什么是求职动机

求职动机反映了求职者找工作的内在驱动力和目的，通常涵盖了薪酬福利、工作环境、工作地点、职业发展机会、晋升条件、企业文化和人际关系等多个方面，这些因素会直接影响求职者未来的工作稳定性和绩效表现。在面试过程中，面试官会通过提问求职动机类的问题深入了解求职者的真实意图，从而识别出与岗位要求最为匹配的人选。

2.15.2　考查求职动机的提问方式

基于岗位对工作稳定性的要求，对求职者应聘的想法、目的或者意图进行考查的一系列问题，统称为求职动机类的面试问题。常见的求职动机类面试问题有以下 4 个：

- 请谈谈你未来的职业规划。
- 你为什么应聘我们公司？
- 你还应聘了哪些公司？
- 面试即将结束，你还有什么问题想要了解？

问题解析：请谈谈你未来的职业规划。

关于"未来的职业规划"，主要有两个考点。

首先，考查求职者是否有职业目标。在大学毕业之前，学生的主要任务和目标是完成学业，并成为合格的毕业生；大学毕业之后步入职场，他们需要完成从学生到职场人的角色转变，其主要目标是提升自身能力以满足岗位要求，并成为合格的员工。因此，面试官会重点关注那些有明确职业规划、工作意愿较为强烈，并且为胜任未来岗位而有所准备的求职者。

其次，考查求职者是否有执行力。面试官通常会对那些看似"口若悬河"或者"滔滔不绝"的求职者格外警惕。究其原因，再完美的规划，最终也需要一步一个脚印落实到位。因此，在求职者描述未来职业规划的时候，面试官需要进一步考查他们的执行力，即达成目标的能力。

一般而言，那些有明确的职业目标和执行力的求职者在未来工作中的表现和稳定性都很不错。

问题解析：你为什么应聘我们公司？

"你为什么应聘我们公司？"这一问题，实际上包含了两个考点。

首先，面试官希望了解求职者在选择工作机会时所看重的因素。这些因素可能包括薪酬福利、培训机会、晋升路径、企业文化以及个人发展规划等。然而，值得注意的是，面试官把求职者的薪酬福利等物质待遇要求视为首要考查因素的做法并不被提倡。在校园招聘的过程中，面试官通常应更加重视求职者能为企业创造的价值。

其次，面试官也会评估求职者的条件是否与企业需求相匹配。相比于没有明确的求职目标、盲目投递简历，甚至对企业毫无了解就参加面试的求职者，那些有清晰的求职目标、提前了解企业相关信息、审慎思考自身条件与企业要求匹配度的求职者，通常更受面试官的青睐。面试官倾向于选择那些自身条件与企业要求高度匹配的求职者，因为他们通常表现出更强烈的求职意愿，未来工作的稳定性也会更高。

问题解析：你还应聘了哪些公司？

"你还应聘了哪些公司"这一问题，综合起来看有三个考点。

第一，考查诚实态度。对于应聘了哪些公司，参加了哪些面试，有没有获得offer，获得了哪些offer等信息，考生可以选择告诉面试官，也可以有所保留，但是不可以撒谎。

第二，考查职业规划。通过询问考生应聘了哪些公司和参加了哪些公司的面试等问题，面试官可以判断他们是否有清晰的职业规划。在选择行业、企业和岗位的时候，考生需要有明确的求职目标，或者有聚焦的求职方向，比如金融行业国企的财务岗位、国内新能源行业排名前十的车企的软件开发岗位、位于广州和深圳的电商企业的运营岗位，等等。

第三，考查求职意愿。当考生有多个offer时，通过询问考生选择offer的理由，面试官可以判断他们的求职动机，从而对考生的求职意愿和未来的工作稳定性做出评估。

问题解析：面试即将结束，你还有什么问题想要了解？

面试官为什么会给考生提问的机会？其中的考点主要与求职动机和工作稳定性相关。

结束面试前，给考生提问的机会，面试官可以了解他们更关注什么，从而进一步推断考生未来的工作稳定性。接下来分享四个案例，即四位考生分别从工作地点、发展机会、加班福利和薪酬待遇的角度提出了自己所关心的问题，这将有助于面试官了解他们的求职动机，进而判断其未来的工作稳定性。

面试场景案例：某银行校园招聘案例

面试官："你还有什么问题要问我吗？"

考生："请问面试官，如果求职成功，将来我有机会来潍坊总行工作吗？"

面试官："一般情况下，新员工入职后要在基层网点工作至少1年时间，1年、2年、3年的情况都有。同时还要参考员工的业绩表现和总行的需求才能决定。你的祖籍是青州，家人都在青州吧？"

考生："是的，父母都在青州，不过我希望能来潍坊总行工作。"

面试官："那么，你接受在基层网点工作吗？比如把你分配到青州的网点……"

考生："我也可以接受。"

面试案例分析

考生所提的问题与工作地点有关,她希望到潍坊工作,但是也可以考虑到青州工作。面试官可以根据考生对工作地点的需求来判断她的求职意愿和工作稳定性。

面试场景案例:某科技公司校园招聘案例

面试官:"你还有什么问题要问我吗?"

考生:"如果求职成功,将来有外派深造的机会吗?"

面试官:"为什么问这个问题?"

考生:"我有学长在贵公司工作,他已经工作两年了。今年,他被外派到法国参与科研项目了,所以我想问一下……"

面试官:"你的学长在哪个部门?"

考生:"我不太清楚,只知道他参与的是新能源项目。"

面试官:"了解。目前我们招聘的岗位还没有外派机会。据我了解,新能源项目的岗位已经饱和,目前不缺人。"

考生:"那我入职后,将来还有其他外派的机会吗?"

面试官:"机会肯定有,但是我不能给你承诺,明白吗?"

考生:"好的,我明白。"

面试案例分析

考生所提的问题与发展机会有关,他比较关注是否有外派工作的机会。面试官可以根据考生对外派工作的需求程度来判断他的求职意愿和工作稳定性。

面试场景案例：某项目助理岗位校园招聘案例

面试官："你还有什么问题要问我吗？"

考生："面试官，这个岗位要经常加班吗？"

面试官："会有加班的情况。"

考生："会有加班费吗？或者调休也可以。"

面试官："为什么问这个问题？"

考生："来面试之前，我在网上搜了一些有关贵公司的信息。有网友说贵公司加班比较多，不过会有相应的加班费和调休。网上说什么的都有，所以我向您了解一下情况……"

面试案例分析

考生所提的问题与加班福利有关，他比较关注公司对于加班是否有加班费或者调休，这可能会影响考生的求职意愿和工作稳定性。

面试场景案例：某销售管培生岗位校园招聘案例

面试官："你还有什么问题要问我吗？"

考生："请问这个岗位的底薪是多少呀？"

面试官："你的期望是多少？"

考生："因为咱们所在的城市生活成本比较高，我期望月薪不低于7000元。"

面试官："如果达不到你的要求呢？"

考生："我想知道贵公司能给多少呢？"

面试官："最终面试结果出来之后，公司会有专人负责薪酬方面的事情……"

考生："好吧。如果月薪低于6000元，我就不考虑了……"

面试案例分析

考生所提的问题与薪酬待遇有关，他期望月薪不低于7000元，其心理底线是月薪6000元。面试官可以根据考生对底薪的要求来判断他的求职意愿和工作稳定性。

【自测】

以下哪些不是考查求职动机的问题： （　　）

A. 你找工作最看重哪些条件？

B. 你对薪酬福利有什么要求？

C. 你为什么选择我们公司？

D. 你有问题要问面试官吗？

E. 你是否有加班的经历？

F. 你现在找工作顺利吗？

答案：EF

2.16 群体面试之无领导小组讨论面试场景

群体面试，是指在某一时间段内，面试官一次性对多位考生进行面试。本节重点阐述无领导小组讨论的面试技巧，在校园招聘中，企业经常采用这种面试方式。

2.16.1 为什么采用无领导小组讨论面试方式

无领导小组讨论是指在限定时间内，一组考生根据题目要求完成一个有挑战性的任务，其间他们需要展开讨论，通过沟通、协调甚至是辩论最终完成任务。面试官观察并记录考生们的表现，全程不参与也不干预他们的活动。

在校园招聘中，企业采用无领导小组讨论面试方式的主要原因如下：

第一，提高面试效率。当考生人数较多时，企业往往来不及一个一个地面试，而采用无领导小组讨论的面试方式，面试官就可以一次性面试多位考生，从而提高面试效率。

第二，从多角度全面考查。在无领导小组讨论中，面试官可以从多个角度评价考生，如目标分析能力、团队合作能力、沟通能力，等等。

第三，真实反映特点。无领导小组讨论是把考生随机分组（通常一组不超过10人），他们之间相互不了解，这种面试方式可以较为真实地反映每个人的特点，有助于面试官识别他们的优点和缺点。

综上所述，无领导小组讨论面试方式的优点是："高效""全面""真实"。

2.16.2 无领导小组讨论评分维度

在无领导小组讨论中，面试官可以从多个角度考查，那些能够胜出的求职者往往具备较高的综合素质。无领导小组讨论评分表如表2-10所示。

表2-10 无领导小组讨论评分表

姓名	目标分析能力		团队合作能力				沟通能力	
	理解能力 20分	任务分析能力 20分	组织分工 10分	推进任务 10分	发展他人 10分	换位思考 10分	逻辑表达能力 10分	说服影响能力 10分
张三								
李四								
王五								
赵六								

无领导小组讨论评分表由三个维度组成：第一个维度是目标分析能力；第二个维度是团队合作能力；第三个维度是沟通能力。

第一个维度，目标分析能力包括理解能力和任务分析能力。在展开讨论之前，小组成员要先读懂题目要求，明确任务目标，否则讨论方向就会偏离正轨，接下来的所有努力都可能会白费。如果小组领导者的目标分析能力也出现了问题，他就会直接把团队带偏，这是灾难性的。由此可见，目标分析能力至关重要。在无领导小组讨论中，通过考查求职者的目标分析能力，可以预判未来工作中他们是否具备较强的理解能力和任务分析能力。

第二个维度，团队合作能力涉及组织分工、推进任务、发展他人和换位思考四个方面。

- 组织分工是指确保小组每个成员都明确各自的任务。
- 推进任务是指督促、推动小组成员在既定时间内完成任务。
- 发展他人是指鼓励、带动小组成员参与讨论和行动。
- 换位思考是指与小组成员沟通时善于倾听，有同理心。

这里重点强调一下"发展他人"。在小组讨论中，面试官要关注求职者是否观察、留意到其他组员的表现，尤其是当发现比较内向、参与度不高或者缺乏自信的组员时，能不能及时帮助他们、鼓励他们、带动他们。举个例子。某个求职者敏锐地发现组员张同学几乎没有发言，便主动询问："张同学，我看你一直没有发言，能不能说说你的想法？"，或者"张同学，刚才你的观点特别好，你能解释一下吗？我们很希望倾听你的意见。"，等等。

第三个维度，沟通能力包括逻辑表达能力和说服影响能力。逻辑表达能力指的是能做到有重点、有条理、有逻辑地表达，能让他人很容易地听明白你在说什么。例如："我的观点是……首先……其次……再次……"说服影响能力指的是在讨论的时候，有说服技巧，能通过情绪互动和情绪感染能力来影响他人。

有说服技巧，表现在：

- 善于倾听。
- 不打断他人讲话。
- 懂得求同存异。
- 善于肯定他人。
- 有灵活性，善于发现解决问题的新思路。

有情绪互动，表现在：

- 沟通时有微笑。
- 沟通时有眼神交流。
- 耐心倾听和点头回应。
- 表达自己观点的时候也会关注他人的感受。

有情绪感染能力，表现在：

- 说话的时候很注意自己的语气、语调、语速、语音。

注意，当无领导小组讨论面试的面试官经验不足，或者当每个面试小组人数较多（如 10 人以上）时，为降低面试难度和减轻工作量，可以使用简化版无领导小组讨论评分表（见表 2-11），聚焦完成对"目标分析能力、团队合作能力、沟通能力"三项的评价即可。

表 2-11　简化版无领导小组讨论评分表

姓名	目标分析能力 40 分	团队合作能力 40 分	沟通能力 20 分
张三			
李四			
王五			
赵六			

2.16.3　无领导小组讨论考生行为得分和扣分项汇总

在无领导小组讨论过程中，考生的行为是需要重点观察的，现将考生得分项和扣分项行为汇总如下（见表 2-12）。

表 2-12　无领导小组讨论考生得分项和扣分项行为汇总

考生的得分项行为	考生的扣分项行为
细心记录他人发言	一人承担小组讨论的多个角色，忽略团队合作
擅长总结众人观点	很少或者几乎不发言

（续）

考生的得分项行为	考生的扣分项行为
清晰地表达个人观点	语无伦次或者表述不清
善于倾听并接纳他人意见	缺乏个人主见，人云亦云
主动承担总结发言人的角色	缺乏倾听意识，自顾自说
当出现分歧时，能够保持冷静	强势要求组员必须听从自己的意见
能善意提醒发言不多的组员发言	抢占发言机会，经常打断他人发言
通过引用数据和事实来说服他人接受自己的观点	虽然发言积极，但是偏离讨论主题
有较强的时间观念，能把控好小组讨论的进度	缺乏时间观念
为顾全大局选择妥协或让步，以达成团队共同目标	在讨论过程中轻易妥协，不能坚持自己的观点

【自测】

关于无领导小组讨论，以下说法不正确的是： （　　）

A. 无领导小组讨论是一种群体面试方式，可以同时考查多位考生

B. 采用无领导小组讨论主要是考查考生的发言和参与互动的积极性

C. 在无领导小组讨论过程中，面试官可以适当干预考生的讨论

D. 在无领导小组讨论过程中，面试官不可以干预考生的讨论

答案：BC

2.17 面试开场和面试结束的话术

在校园招聘过程中，为了规范面试官的操作并提高面试效率，我设计了一套适用于面试开场和结束的话术。

2.17.1 面试开场话术

当考生进入考场会议室与面试官初次见面时，其心情也许很激动、很紧张。在这种情况下，面试官不要马上进入面试环节，可以先花一点时间与考生互动。此时，可以使用以下话术：

同学请坐，欢迎参加今天的面试，我是面试官。我相信你会把最优秀的自己展现出来，如果准备好了，我们就开始。

使用这段话术，有两个目的：

第一，面试官主动向考生礼貌问候，以此传递企业的美好形象，有助于吸引考生加入。

第二，引导考生放松并鼓励其全身心投入面试，有助于面试官看到考生最真实的表现。

短暂寒暄后，面试官与考生正式进入面试环节。由于面试时间有限，为了提高效率，面试官可以使用以下话术：

此次面试时间在 10 分钟以内，请在回答问题的时候用时不要超过 30 秒，除非要求你用更长时间来回答。

使用这段话术，有两个目的：

第一，面试官告知考生面试规则，要求他们在回答问题的时候抓住重点，言简意赅。

第二，有助于考查考生的以下方面：

- 倾听能力：是否听到话术中的关键词"30秒"。
- 时间观念：能否在30秒内回答问题，不超时。
- 心理素质：在短时间内回答问题会给人造成压力，需要调整好心态。
- 逻辑思维：需要在较短时间内厘清思路，有重点、有条理地回答问题。

面试开始后，如果发现考生比较紧张，出现语无伦次或者吞吞吐吐的情况，面试官可以使用以下话术：

这位同学，你可以稍做调整后再回答问题。如果没有听清楚问题，我可以再重复一遍；如果还没有准备好如何回答，我可以给你一点时间再准备一下。

使用这段话术，有两个目的：

第一，有助于面试官发现是什么原因导致考生紧张或者发挥失常。

第二，平复考生紧张的心理，同时体现对考生的尊重，使其对企业有更多好感。

2.17.2　面试结束话术

面试结束时，往往也需要话术，例如：

同学，此次面试接近尾声，你还有什么问题要问我吗？

如果考生没有想问的问题，面试官可以采用以下话术：

感谢你对我们企业的关注，面试结果将在两周内发布，请关注手机短信提示。祝你好运。

如果考生表示有问题要问，面试官需要在遵守面试规则的前提下灵活应对。接下来分享两个面试场景案例。

面试场景案例 1

面试官："同学，此次面试接近尾声，你还有什么问题要问我吗？"

考生："面试官，您是否可以点评一下我的表现？我愿意倾听，哪怕是批评。"

面试官："你对自己的表现有何评价？"

考生："我想听听您的评价。"

面试官："愿意倾听我的评价，你的这一行为值得认可。不过，在最终结果出来之前，面试官不可以透露对考生表现的评价。这或许会让你感到有些遗憾，但是面试制度对此有明确要求，这也体现了企业的公平和公正。"

面试案例分析

在这个场景中，面试官委婉地拒绝了考生的要求，这种做法值得提倡，但是需要注意两点：

第一，面试官不可以点评求职者的表现。

第二，面试官不可以教育求职者，更不可以批评他们。

然而，有的面试官出于好意，想给考生一些建议或者意见。但这样做很不妥，原因是：

第一，有可能会超出原定的面试时间，影响后面的面试节奏。

第二，万一考生不认可面试官的建议或者意见，会引发争论。

第三，虽然面试点评不代表最终结果，但是会让考生产生误解，从而影响考生的心情。

面试场景案例2

面试官："同学，此次面试接近尾声，你还有什么问题要问我吗？"

考生："面试官，我可以被录用吗？"

面试官："现在还不能给你确切的答复。"

考生："您认为我有机会吗？机会大吗？"

面试官："据我所知，还有其他考生没有参加面试。待所有考生的面试结果出来后，才有确定的答案。虽然我对你想提前知道是否被录用的迫切心情表示理解，但还是需要请你再耐心等待一下，可以吗？"

考生："那什么时候有结果？"

面试官："两周之内出结果。请关注短信通知。"

面试案例分析

在这个场景中，面试官委婉地拒绝了考生的要求，这种做法值得提倡，但是需要注意两点：

第一，关于是否录用，面试官不可以给考生任何暗示、提示或者提前告知。

第二，在校园招聘结束之前，面试结果可能存在不确定性，面试官要有保密意识。

【自测】

以下说法正确的是： （　　）

A．面试中，面试官不要点评求职者的表现

B．面试中，面试官不要批评或者教育求职者

C．面试中，面试官不要做与面试无关的事情

D．如果求职者要求面试官点评，面试官可以给出点评意见

答案：ABC

2.18 错误的提问方式之引导式提问

本节重点阐述如何将引导式提问转换成行为面试提问。在面试过程中，面试官尽可能少问引导式问题，多问行为面试问题。

2.18.1 什么是引导式提问

引导式提问又名诱导式提问，此种提问往往暗含了问题的答案，是一种封闭式提问方式。

举个例子。小朋友有点挑食，不太喜欢吃青菜。他的妈妈为了让他多吃青菜，就使用了一点小技巧。

妈妈问："孩子，如果你把碗里的西兰花都吃了，就给你吃一块红烧排骨，怎么样呀？"

小朋友问："这些西兰花都要吃掉吗？"

妈妈说："最好都吃掉，其实也不多呀，青菜对你有好处，不能总是吃肉，会导致营养不均衡。"

小朋友说："那好吧，可是我吃不了这么多西兰花……"

"你把碗里的西兰花都吃了，就给你吃一块红烧排骨，怎么样呀？"这是一种封闭式提问方式，看似是征求孩子的意见，实际上这种提问本身暗含了妈妈想要的答案，也就是孩子只能选择把西兰花都吃掉。

小朋友愿不愿意把西兰花都吃掉呢？换一种问法，就可以知道小朋友真实的想法。比如："孩子，今天妈妈做了好多菜，你最想吃什么呀？"大概率，小朋友不会说他喜欢吃西兰花。

家长跟孩子的沟通方式很多时候是引导式的，比如："孩子，爸爸还需要一会儿才能做好饭，你先去写作业可不可以呀？"这个问题的答案显而易见，爸爸希望孩子先去写作业。如果想知道孩子的真实想法，不如问他："爸爸还在做饭。吃饭前还有一会儿时间，孩子，你想做点什么？"

2.18.2　面试中为什么要少问引导式问题

在面试过程中，很多面试官习惯性地问引导式问题。以下都是引导式问题：

- 你能接受晚上加班，对吗？
- 你会在同事生病的时候接替他的工作吗？
- 根据你的经验，做这种事情难度不小吧？
- 这个岗位需要加班，偶尔也需要出差，你能否接受？
- 拜访客户被拒绝是常态，面对这种情况，你不会退缩吧？
- 守时、严谨、团结和责任心等职业素养，你都具备吧？
- 这个岗位需要较高的工作稳定性，需要有踏踏实实的工作心态，你是否具备？

为什么要尽可能少问引导式问题？其中最主要的原因是：引

导式提问属于封闭式提问，即求职者被引导要在"对"或"不对"，"是"或"不是"，"好"或"不好"，"能"或"不能"等答案中做出选择，然而这些选择不一定是他们的真实想法。此外，引导式提问本身就自带答案，其话语中暗含了面试官想要的回答，有的求职者会揣摩面试官的好恶，然后给出有悖于他们真实想法的回答。在这种情况下，面试官会被求职者误导，很有可能做出错误的判断。

不过，大多数引导式问题都可以转换成行为面试问题，而行为面试问题有助于面试官了解求职者的真实能力水平。

2.18.3 把引导式问题转换成行为面试问题

现将引导式问题转换成行为面试问题，如表 2-13 所示。

表 2-13 把引导式问题转换成行为面试问题（校园招聘场景）

引导式问题	行为面试问题
你能接受晚上加班，对吗	在校期间或者实习期间加过班吗？如果有，请举例
你会在同事生病的时候接替他的工作吗	1. 说说在校期间或者实习期间，你助人为乐的事例 2. 实习期间，你是否承担过职责以外工作的经历？如果是，请举例
根据你的经验，做这种事情难度不小吧	请分享在校期间或者实习期间，一次让你感到很有挑战性的工作经历
这个岗位需要加班，偶尔也需要出差，你能否接受	在实习期间，你有过加班的经历吗？或者说说在校期间，你为参加比赛、项目小组或者课题研究等加班加点的事例

（续）

引导式问题	行为面试问题
拜访客户被拒绝是常态，面对这种情况，你不会退缩吧	1. 请分享在拜访新客户的时候，让你印象深刻的经历 2. 你是否有拜访客户被拒绝的经历？如果有，请举例
守时、严谨、团结和责任心等职业素养，你都具备吧	你认为自己具备哪些良好的职业素养，请举例说明
这个岗位需要较高的工作稳定性，需要有踏踏实实的工作心态，你是否具备	你有过实习经历吗 ● 做了多久？说说实习的经过 ● 你的雇主对你在实习期间的表现有何评价

对比上述两种问题的有效性，如表2-14所示。

表2-14 引导式问题和行为面试问题有效性对比

引导式问题

面试官提问	考生回答
你能接受晚上加班，对吗	考生在"对"与"不对"之间进行选择
你会在同事生病的时候接替他的工作吗	考生在"会"与"不会"之间进行选择
根据你的经验，做这种事情难度不小吧	考生在"是"与"不是"之间进行选择
这个岗位需要加班，偶尔也需要出差，你能否接受	考生在"能"与"不能"之间进行选择
拜访客户被拒绝是常态，面对这种情况，你不会退缩吧	考生只能回答"不会"，但是不代表考生一定能做到

（续）

引导式问题	
面试官提问	考生回答
守时、严谨、团结和责任心等职业素养，你都具备吧	考生说"都具备"，但不代表这是他的真实情况
这个岗位需要较高的工作稳定性，需要有踏踏实实的工作心态，你是否具备	考生只能回答"具备"，但是不代表考生一定能做到

行为面试问题	
面试官提问	考生回答
在校期间或者实习期间加过班吗？如果有，请举例	考生过往的加班经历有助于面试官判断他们未来的加班情况
1. 说说在校期间或者实习期间，你助人为乐的事例 2. 实习期间，你是否承担过职责以外工作的经历？如果是，请举例	考生助人为乐或者承担职责以外工作的经历有助于面试官判断他们是否具备团队合作精神或者责任心
请分享在校期间或者实习期间，一次让你感到很有挑战性的工作经历	考生经历的有挑战性的事情有助于面试官判断他们的抗压能力
在实习期间，你有过加班的经历吗？或者说说在校期间，你为参加比赛、项目小组或者课题研究等加班加点的事例	考生的加班经历、比赛经历、项目活动经历等有助于面试官判断他们未来能否接受加班
1. 请分享在拜访新客户的时候，让你印象深刻的经历 2. 你是否有拜访客户被拒绝的经历？如果有，请举例	考生过去拜访客户的经历有助于面试官判断他们的抗挫力

（续）

行为面试问题	
面试官提问	考生回答
你认为自己具备哪些良好的职业素养，请举例说明	在没有任何提示的情况下，让考生说出自己的职业素养，有助于面试官做出客观的评价
你有过实习经历吗 ● 做了多久？说说实习的经过 ● 你的雇主对你在实习期间的表现有何评价	考生之前的实习经历有助于面试官判断他们的工作稳定性

综上所述，在校园招聘过程中，如果面试官少问引导式问题，多问行为面试问题，会搜集到更多真实的信息，从而提高选人的精准度。

【自测】

以下说法正确的是： （　　）

A. 面试中，应尽可能少问引导式问题

B. 面试中，应尽可能多问行为面试问题

C. 引导式问题不能转换成行为面试问题

D. 引导式提问可以考查求职者的真实情况

答案：AB

2.19　错误的提问方式之假设式提问

本节重点阐述如何将假设式提问转换成行为面试提问。在面试过程中，面试官应尽可能少问假设式问题，多问行为面试问题。

2.19.1　什么是假设式提问

有时候，面试官会设想一个场景并进行提问，这个场景是凭空构想的或者以现实事例为基础改编的，并且通常使用"如果""假如""假设""万一""倘若"等词语展开提问。

2.19.2　面试中为什么要少问假设式问题

在面试过程中，很多面试官习惯性地问假设式问题。以下都是假设式问题：

- 如果当天的工作没有完成，你会怎么办？
- 如果你被领导或者同事误解了，你会怎么办？
- 假如你看到身边的同事有违规操作，你会怎么办？
- 如果让你带领一个新成立的团队，你会如何带领他们？
- 假设快下班的时候，领导又给你安排了工作，你会怎么办？
- 如果在项目中，有的同事不配合你的工作，你会如何应对？

- 假如领导要求你周末来加班，但是周末你已经有自己的安排了，你会怎么办？
- 如果你的项目小组的同事有事请了几天假，你会承担他的一部分工作吗？

为什么要尽可能少问假设式问题？面试官总是希望听到贴近求职者真实情况的回答，但是当他提出假设式问题时，求职者给出的回答往往也是假设性的。这也就是说，面试官和求职者在虚构的场景下进行面试，双方探讨的是一个假设的、没有发生过的事件。在这种情况下，求职者的回答就缺乏真实性和说服力，面试官很可能会做出误判。

不过，大多数假设式问题都可以转换成行为面试问题，而行为面试问题有助于面试官了解求职者的真实能力水平。

2.19.3 把假设式问题转换成行为面试问题

现将假设式问题转换成行为面试问题，如表 2-15 所示。

表 2-15 把假设式问题转换成行为面试问题（校园招聘场景）

假设式问题	行为面试问题
如果当天的工作没有完成，你会怎么办	在实习期间，你当天的工作都能够完成吗？有没有当天工作没有完成的情况？如果有，请举例

（续）

假设式问题	行为面试问题
如果你被领导或者同事误解了，你会怎么办	在校期间或者实习期间，你有没有被身边的人误解的经历，比如老师、同学、同事或者领导，等等？如果有，说说经过和结果
假如你看到身边的同事有违规操作，你会怎么办	在实习期间，你是否看到过身边的同事有不好的行为，或者不符合规章制度的事情发生。有这种经历吗？如果有，请举例
如果让你带领一个新成立的团队，你会如何带领他们	在校期间或者实习期间，你是否担任过团队领导者的角色？你有带领新成立团队的经历吗？如果有，请举例
假设快下班的时候，领导又给你安排了工作，你会怎么办	实习期间，在快下班的时候，你是否接到过紧急和突发的工作任务？如果有，说说经过
如果在项目中，有的同事不配合你的工作，你会如何应对	在校期间或者实习期间，是否遇到过队友或者同事不配合你的情况？如果有，说说经过
假如领导要求你周末来加班，但是周末你已经有自己的安排了，你会怎么办	你遇到过因为有新的工作安排而干扰了你的正常休息或者原定计划的经历吗？如果有，说说经过
如果你的项目小组的同事有事请了几天假，你会承担他的一部分工作吗	你有过接替队友或者同事工作的经历吗？如果有，请举例

在校园招聘过程中，如果面试官少问假设式问题，多问行为面试问题，会搜集到更多真实的信息，从而提高选人的精准度。

【自测】

以下说法正确的是： （ ）

A. 面试中，应尽可能少问假设式问题

B. 面试中，应尽可能多问行为面试问题

C. 假设式问题不能转换成行为面试问题

D. 假设式提问不一定能考查出求职者的真实情况

答案：ABD

2.20 校园招聘的行为面试法技巧应用

本节重点讲解三个面试场景案例，详细说明如何通过层层追问考查求职者的抗压能力和执行力，以及如何避免问错误的面试问题。

面试场景案例：考查抗压能力的追问技巧

面试官："请说说在实习期间，让你印象最深刻的工作任务是什么？"

王同学："那是我第一次参加实习的经历。入职后的第三天，人力资源部门的同事就安排我进入一个项目组，该项目隶属于房地产咨询部。一方面我对房地产行业不太了解，另一方面项目经理的要求很高，所以我经常加班到晚上11点，而且周六、周日也会加班。让我印象深刻的任务是协助项目经理修改绩效制度。当时经理仅仅给我一个其他项目的绩效制度作为参考，而我缺乏经验，不知道哪些可以改，哪些可以照抄，怕出错。连续好几天，我感到既焦虑又无助，也挨了很多骂。好在我坚持下来了，我的确在他的要求下成长了很多。"

面试案例分析

"请说说在实习期间，让你印象最深刻的工作任务是什么？"这个问题可以考查求职者在工作中的某些关键能力或品质，如目标和时间管理能力、执行力、责任心、主动性、协调能力、团队合作能力、抗压能力，等等。

如果面试官要重点考查求职者的抗压能力，应如何操作？

王同学的事例是协助项目经理修改绩效制度，在此期间，他顶住了压力，获得了成长。但是，如果要对王同学的抗压能力做出客观评价，面试官还需要针对他的回答进行追问。接下来，对王同学的回答逐句进行分析，找出与抗压能力相关的内容并进行追问。

"另一方面项目经理的要求很高……"

追问分析：关于"项目经理要求很高"，王同学并没有给出具体的细节说明"高"在哪里？因此，有必要追问一个问题："具体说说，哪些工作任务体现出项目经理要求很高？"或者"你认为项目经理提出了哪些比较高的要求？"。

"所以我经常加班到晚上 11 点，而且周六、周日也会加班。"

关于"经常加班到晚上 11 点，而且周六、周日也会加班"，有必要追问以下几个问题：

- 为什么"经常加班到晚上 11 点"？解释一下"经常"的频率。（追问 1）
- 为什么"经常加班到晚上 11 点"？解释一下如此频繁的原因。（追问 2）
- 为什么"周六、周日也会加班"？（追问 3）

最后，针对加班的过程和加班的结果也可以进行追问。

"连续好几天，我感到很焦虑无助，怕出错，也挨了很多骂。"

追问分析：关于"我感到很焦虑无助"，关键词是"焦虑"。一个人平时会说自己焦虑吗？应该不会，除非碰到什么事情了。因此可以追问：

- 说说当时碰到什么事情让你感到焦虑？（追问 4）
- 为什么这个（这些）事情让你感到焦虑呢？（追问 5）
- 你说当时感到焦虑无助，你焦虑的表现是什么？是吃不下饭，睡不着觉，还是其他的情况？或者问：当时感到"焦虑无助"，你的焦虑有什么表现吗？（例如失眠？厌食？情绪低落？情绪失控？）（追问 6）

- 在"焦虑无助"的情况下,你是如何克服的呢?(追问7)

"也挨了很多骂",看似是个很不开心的事情,但是没有交代清楚"被骂"这件事的来龙去脉。面试官只有清楚地了解当时求职者被骂的经过,才能做出客观判断。为此,面试官可以追问如下细节:

- "也挨了很多骂",是谁骂你了?(追问8)
- 因为什么骂你呢?(追问9)
- 具体说说他当时怎么骂你的?(当时他都说了什么?)(追问10)
- 他骂你的时候,你的感受是什么?有什么反应?(追问11)
- 你是如何看待被骂这件事情的?(追问12)

总结而言,虽然王同学描述工作经历的时候,强调了"要求很高""经常加班""很焦虑无助""挨了很多骂"等,但是,面试官还需要通过追问进一步搜集信息,再对王同学的抗压能力做出判断。

面试场景案例:考查执行力的追问技巧

面试官:"请列举你主动克服困难并完成工作任务的事例。"

求职者:"在读研究生期间,我有一个实习机会,被分配到一个培训项目中。我中途加入项目小组,负责培训调研的相关工作。但是,我之前没有做过此类工作。我参与客户的内部会议,他们沟通的内容都由我做记录。因为对某些专业知识并不熟悉，我在做会议记录的时候经常感到很吃力。但培训结束后，学员的反馈还是很好的。对一个学生而言，我觉得这样的结果还是可以的。同事为了鼓励我，还拍了一张我在培训现场专注工作的照片。我在微信朋友圈分享了这张照片，很多人点赞。"

面试案例分析

"请列举你高效完成工作任务的事例。"这个问题可以考查求职者的执行力。因为求职者的回答并不完整，所以面试官需要通过追问的方式尽可能搜集更多与执行力相关的信息。接下来，对求职者的回答逐句进行分析，找出与执行力相关的内容并进行追问。

"因为对某些专业知识并不熟悉，我在做会议记录的时候经常感到很吃力。"

追问分析：执行力是指"高效和精准做事的能力"，关键词是"高效""精准""能力"。在求职者的回答中，我们发现他遇到了困难和有挑战性的工作，但是并没有说清楚具体难在哪里，如何克服困难，结果如何，因此无从判断"高效""精准""能力"这些要素。可以尝试追问：

- "某些专业"指的是什么专业？
- "感到很吃力"，具体都有哪些困难？

- 在这个过程中，你发现自己缺乏什么能力，或者说需要提升什么能力？你是如何应对的？具体说说过程。
- 说说这件事情的结果。

上述追问方式，类似于询问求职者"不达目标誓不罢休的一次经历"，重点考查求职者能否积极面对困难和战胜困难，是否具备"执行力"的特质。

接下来，为了进一步了解求职者没有讲清楚的内容，对这个案例进行如下追问：

- "培训结束后，学员的反馈还是很好的"，这句话是什么意思？
- "反馈很好"是指对求职者的评价高还是对整个项目组的评价高？需要解释清楚这是对谁的反馈。
- 具体说说这个反馈是如何得出来的？（需要追问关于调研反馈的具体细节，比如：是调研全体学员得到的结果还是抽样调查得到的结果？谁来执行这个调研？凭什么说"很好"？依据是什么？评断标准是什么？）
- "我觉得这样的结果还是可以的"，这里的"结果"具体指什么？
- "还是可以的"，能具体解释一下你为什么这么说吗？

总结而言，有些求职者列举的事例并不完整，缺失了重要内容，因此面试官要针对不清楚的信息展开追问，从而确保做出客观、公正的面试评价。

面试场景案例：如何避免问错误的面试问题

面试官："总结一下实习期间你在规定时间内完成工作的效率怎么样？"

李同学："大多数都如期完成了，有80%左右。对于不能如期完成的，我会事后总结和反思，然后避免下次发生类似的情况。"

面试官："对于没有如期完成的情况，是你个人的原因多一些还是团队合作方面的原因多一些？"

李同学："既有个人的原因，也有团队合作方面的原因。根据情况的不同，会有各自不同的原因。"

面试官："好吧……"

面试官："领导给你布置完工作后，会让你按照自己的步骤去做，但是领导也会询问你一些情况，比如询问你执行的进度怎么样了。你一般是怎么回复的？"

李同学："我会给出一个具体的数字，比如完成了三分之二，同时我会给领导一个截止日期，比如在9月8日之前完成。"

面试官："你会告诉他很明确的截止日期，是吧？"

李同学："是的。"

面试案例分析

这个案例来自一个真实的面试场景。在面试过程中，由于面试官没有采用行为面试法，李同学的回答显得空洞无物，缺乏可信度和说服力。

若改用行为面试法提问，会更有助于面试官识别李同学的真实能力，如表 2-16 所示。

表 2-16 非行为面试问题改换成行为面试问题

考查项	非行为面试问题	行为面试问题
执行力	总结一下实习期间你在规定时间内完成工作的效率怎么样	请列举你能在规定时间内高质量地完成工作的事例
	对于没有完成的情况，是你个人的原因多一些还是团队合作方面的原因多一些	请分享因为你个人的原因没有如期完成工作的事例 是否有不是你个人的原因导致工作没有完成的情况？如果有，请举例
	领导给你布置完工作后，会让你按照自己的步骤去做，但是领导也会询问你一些情况，比如询问你执行的进度怎么样了。你一般是怎么回复的	举例说说在之前的工作中，你是如何确保领导对你工作的结果满意和放心的，或者说你如何确保你所做的就是领导想要的

细心的读者会发现李同学的回答有一个特点：李同学看似回答了面试官的问题，但并没有给出具体的事例。对此，面试官需要承担主要责任，原因是：首先，面试官没有使用行为面

试法的提问方式；其次，面试官没有针对李同学的回答进行追问。

在追问的时候，面试官还需要留意：

第一，警惕带有"虚词"（如应该、可能、大概等）描述的回答。如果求职者频繁使用"虚词"来回答，让人感觉模棱两可或似是而非，面试官就要警惕了，不去追问细节的话，很可能就会被求职者忽悠了。

第二，虽然求职者的回答很流畅，但是听起来像是背诵课文。有些求职者很会揣摩面试官的问题套路，提前了解了很多面试问题并绞尽脑汁想好了答案。由于求职者熟练掌握了回答的技巧，能够做到对答如流，所以某些面试官对他们刮目相看。然而，面试的目的是发现求职者最为自然和真实的状态，面试官更希望听到求职者给出最接近事实的回答，而不是经过反复预演和精心安排的回答。

第三，求职者在回答具体细节上，常常使用"我们"而非"我"。这种回答方式也需要重视。举个例子。面试官问："这件事谁做的？"求职者回答："我们做的呀。"面试官："谁的功劳更大一些？"求职者："我们都有功劳。"面试官："我是问到底谁的功劳更大一些？"求职者："这个很难说呀。都差不多。大家一起努力，才把这件事情完成。"求职者用"我们""大家一起努力"等表达方式巧妙地给自己解围。其实，换个方式追问细节，就能够发现真相，比如：

- 做这件事情，遇到什么困难了吗？具体说说最大的困难。
- 在解决这个难题的过程中，你都做了什么？队友做了什么？
- 你认为在解决这个最大困难的时候，谁的贡献更大一些？具体说说为什么？

CHAPTER 3
第 3 章

企业校园招聘经验分享

3.1 名企校园招聘面试评分表

本节的一大亮点是搜集了若干知名企业在校园招聘时使用的面试评分表。

面试评分表是校园招聘的主要工具，其重要性体现在：

首先，选人更加客观。企业要求面试官根据面试评分表的考核维度进行打分，这有助于统一选人的标准并规范面试官的操作。

其次，选人更加高效。聚焦于面试评分表的考核项进行面试，面试官提问更有针对性，从而确保在较短的时间内完成面试工作。

精心设计的面试评分表能够显著提高面试效率，因此越来越多的企业开始重视面试评分表，这有助于面试官事半功倍地开展校园招聘工作。

3.1.1 银行类企业校园招聘面试评分表

银行类企业在校园招聘的时候，主要招聘柜员、营销人员和科技人员。有的企业不分岗位，就使用一张通用的面试评分表；有的企业会针对不同岗位采用不同的面试评分表，即柜员岗位、营销岗位和科技岗位使用不同的面试评分表。

考虑到不同岗位对考生的胜任能力要求有差异，在校园招聘的时候，建议银行类企业参考以下面试评分表设计。

某银行校园招聘柜员岗位面试评分表，如表 3-1 所示。

表 3-1　某银行校园招聘柜员岗位面试评分表

考生编号	评价维度				
^	职业形象	沟通能力	综合素质		求职意愿
^	^	^	严谨细致	团队合作	责任心	^
001						
002						
003						

由于银行对柜员岗位的核心要求是确保日常工作无差错，因此，在面试评分表中明确要求考查严谨细致和责任心。

某银行校园招聘营销岗位面试评分表，如表 3-2 所示。

表 3-2　某银行校园招聘营销岗位面试评分表

考生编号	评价维度				
^	职业形象	服务意识	综合素质			求职意愿
^	^	^	进取心	责任心	团队合作	^
001						
002						
003						

银行对营销岗位的核心要求是确保完成业绩目标，因此，在

面试评分表中明确要求考查服务意识、进取心、责任心。

某银行校园招聘科技岗位面试评分表，如表3-3所示。

表 3-3　某银行校园招聘科技岗位面试评分表

考生编号	评价维度					
^	职业形象	专业与技术背景	综合素质			求职意愿
^	^	^	学习能力	团队合作	责任心	^
001						
002						
003						

由于银行对科技岗位的核心要求是为日常运营工作提供高效的技术保障，因此，在面试评分表中明确要求考查专业与技术背景、学习能力和责任心。

有的银行没有区分岗位，采用一张通用的面试评分表，如表3-4所示。

表 3-4　某银行校园招聘面试评分表（通用模板）

考生编号	评价维度				
^	沟通能力	自驱力	学习能力	责任心	组织认同
001					
002					
003					

这家银行对评价维度进行了详细说明，如表3-5所示。

表 3-5　某银行校园招聘面试评价维度说明

评价维度	沟通能力	自驱力	学习能力	责任心	组织认同
权重分数	20 分	20 分	20 分	20 分	20 分
考评要求	能够清晰地表达自己的观点，逻辑清晰，重点明确。在面试过程中，善于倾听，不轻易打断对方说话，并积极做出回应。能听清楚面试官的问题，并有针对性地回答，不偏题，不跑题。使用礼貌用语，表情自然且自信，声音洪亮	在校期间主动参加校内外的各项活动。获得过校内外比赛的奖项。在校期间考取过技能类证书，考试成绩优异且比较高含金量比赛等。有过实习经历，且实习期间表现优异，最好有银行类企业实习工作经验	学习成绩属于中上等水平，没有挂科或者明显短板的课程。在校期间仍然保持阅读习惯，除了教科书，还主动阅读过与本专业相关的其他图书。在参加比赛或者学术项目活动时表现出强烈的学习意愿。在实习期间，主动学习并积极弥补实践方面的不足	对未来所从事工作的内容有一定的了解，比如岗位要求、工作场景等。比较了解了应聘岗位对求职者的能力要求，以及自身应聘此岗位的优劣势。除了完成学业，在校期间还做过社团工作，或者主动承担学校实习者班级的工作等	对所应聘的工作充满期待，求职意愿比较强烈。在参加面试之前，了解了企业的相关信息，包括发展历史、业务领域、发展规模、公司文化等。与面试官的沟通积极友好，在思想、情感、行为上认为自己是企业的一员，并充满自豪感

163

虽然这家银行没有分别针对柜员岗位、营销岗位和科技岗位设计三种类型的面试评分表，但是对评价维度中的五个考核项进行了比较详细和充分的说明，从而为面试官开展面试工作提供了有力的参考依据。

3.1.2 油气类企业校园招聘面试评分表

以中国石油、中国石化和中国海油为代表的油气类企业每年都会有大量的校园招聘需求，此类企业的面试评分表比较规范，如表 3-6 所示。

表 3-6 某油气企业校园招聘面试评分表

考生编号	评价维度				
	专业匹配	沟通协调	创新思维	团队合作	发展潜力
001					
002					
003					

这家企业对评价维度进行了详细说明，如表 3-7 所示。

3.1.3 电力类企业校园招聘面试评分表

电力类企业可以参考以下某电力企业校园招聘的面试评分表。该企业招聘的岗位有两类，即电力生产类和经营管理类。这

表 3-7　某油气企业校园招聘面试评价维度说明

评价维度	专业匹配	沟通协调	创新思维	团队合作	发展潜力
权重分数	40 分	15 分	15 分	15 分	15 分
考评要求	所学专业与所应聘岗位要求的专业方向一致或者相关；专业课成绩较好，至少达到中等以上水平，没有出现挂科或者明显有短板的学科；在校期间，考生的毕业论文成绩至少达到中等以上水平；在校期间参与过与专业相关的活动或者取得过优异的竞赛成绩	具备较强的语言表达能力，说话条理清晰，重点明确；与面试官沟通的时候，具备倾听意识，回答问题有针对性，不偏题，不跑题；在校期间有组织协调方面的经历，并具备或者成功化解分歧的经验；在校期间有灵活应对突发事件的经历，在面试现场应变能力比较强	对所学专业有比较浓厚的兴趣，学习意愿比较强；能够多角度思考问题并给出多种解决方案，还能从中找到最优解；愿意接触新事物，有开放的心态，能主动倾听不同意见并从中汲取营养；在条件不充分的情况下，能够调动或者整合各种资源达成目标；在校期间有比较成功的发明创造经历，甚至获得过技术专利或者奖彰	在校期间，能位思考，主动包容和谦让他人；在校期间，愿意主动协助人，乐于帮助或者支持他人；在面试现场表现出比较外向的性格特点；为了达成团队目标，能够放弃个人利益，服从大局；在团队工作中，敢于担任比较重要的角色，如团队的负责人或者骨干，鼓励和带动团队成员达成目标	在校期间或者实习期间表现出具备较强的时间观念，能够准时或者提前完成任务；具备不达目标不罢休的做事态度，敢于接受有挑战性的工作；在完成分内工作，主动提升，担分外工作，并尽力将工作做好；在校期间，老师或者领导分配的任务，认真完成，并尽力达成甚至超出对方的预期

两类岗位都要考查执行力、团队合作、责任心和求职意愿。但是对于电力生产类岗位，企业还会重点考查专业匹配和严谨细致；对于经营管理类岗位，企业还会重点考查服务意识和沟通协调，如表 3-8 所示。

表 3-8 某电力企业校园招聘面试评分表

校园招聘综合考评项							
通用能力评价维度				电力生产类岗位评价维度		经营管理类岗位评价维度	
执行力	团队合作	责任心	求职意愿	专业匹配	严谨细致	服务意识	沟通协调

这家企业对评价维度进行了详细说明，如表 3-9 所示。

3.1.4 电信类企业校园招聘面试评分表

中国移动、中国联通、中国电信等电信类企业在全国拥有众多营业网点，很多新入职的大学生往往需要从一线岗位做起。结合营业网点的工作场景对员工的胜任能力要求，某电信企业专门设计了面试评分表，如表 3-10 所示。

这家企业对评价维度进行了详细说明，如表 3-11 所示。

表 3-9　某电力企业校园招聘综合考评项及考评要求

校园招聘综合考评维度说明

通用能力评价维度			电力生产类 岗位评价维度		经营管理类 岗位评价维度	
执行力	团队合作	责任心	求职意愿	专业匹配	严谨细致	服务意识	沟通协调
具备较强的时间观念，在校期间和实习期间能够准时甚至提前完成任务；为了更加高效地完成任务，考生具备主动沟通、询问和确认的意识，能够准确理解对方的意图并做出迅速反应	在校期间，能够换位思考，主动包容和谦让他人；在校期间，乐于助人，愿意主动协助或者支持他人；在面试现场，体现出比较外向的性格特点；为了达成团队目标，能够放弃个人利益，服从大局	对未来所从事工作的内容有一定的了解，比如岗位要求、工作场景等；比较了解所聘岗位对求职者的能力要求，以及自身应聘此岗位的优劣势；除了完成学业，在校期间还做过社团工作、或者主动承担过班级的工作等	面试前做了充分的准备，了解企业和所应聘岗位的信息，能够举例证明对面试高度重视；有清晰的职业规划，如对未来的行动计划、或者对未来的工作计划、实习的目标等；表现出不达目标誓不罢休的求职意愿，极力争取每一次回答问题的机会，并积极向面试官传达求职的诚意	所学专业与所应聘岗位要求的专业方向一致或者相关专业、课成绩较好，至少达到中等以上水平；在校期间考取了与专业相关的技能证书；实习期间能够应用所学专业，将理论与实践相结合；在面试过程中，表现出所掌握的专业知识和技能优于其他多数考生	着装得体，没有穿奇装异服；言行举止有礼貌，站有站相、坐有坐相；回答问题时有条理，不自大，不浮夸，不张扬；在校期间养成了良好的生活和学习习惯，如有计划性、有时间观念，反复检查避免出错，做事有始有终等	做事比较细致，关注细节；待人处事有耐心，不急躁；在校期间，参加过校内外的社会公益活动，或者从事过志愿者工作；具备利他心态，关注他人的感受，有同理心，愿意甚至无私帮助或协助他人	具备较强的语言表达能力，说话条理清晰，重点明确；与面试官沟通的时候，具备倾听意识，回答问题有针对性，不偏题，不跑题；在校期间有组织协调方面的经历，并具备成功化解分歧或矛盾冲突的经验；在校期间有灵活应对突发事件的经历，在面试现场应变能力比较强

表 3-10　某电信企业校园招聘面试评分表

考生	评价维度				
	职业形象	沟通能力	抗压能力	责任心	求职意愿
001					
002					
003					

表 3-11　某电信企业校园招聘面试评价维度说明

评价维度	职业形象	沟通能力	抗压能力	责任心	求职意愿
权重分数	20 分	20 分	20 分	20 分	20 分
考评要求	言行举止有礼貌，站有站相，坐有坐相，体现出训练有素的行为特征 着装得体，没有穿奇装异服，女生在发型、穿着、配饰等细节方面未显张扬、矫揉造作或怪异，男生五官端正，个人形象干净利落，在言行方面没有不良习气 给面试官的印象是自信、阳光、健康	普通话比较标准，吐字清晰，表述流畅，有条理 具备倾听意识，通过点头或者微笑等方式表达认可或者通过主动询问的方式向对方确认信息 在沟通过程中有换位思考或者共情的能力，能够主动理解对方的思想或者捕捉对方的情绪变化，并采取恰当的方式做出回应	从在校期间的学习和实习经历中可以看出：时间观念比较强，有良好的生活习惯，比较自律 努力学习并取得较好的学习成绩，成绩排名至少在中等以上 能够主动加班加点完成老师或者领导分配的各项任务，并具备不达目标誓不罢休的特点 适应新环境的能力比较强	在较好地完成学业的前提下，自觉主动地承担班级或者学校的一些工作 曾经担任宿舍管理员、课代表等，或者主动参加过社会公益活动，做过志愿者等 在团队活动中，主动为队友提供帮助，或者在他人需要帮助的时候主动施以援手，且不求回报	面试前做了充分的准备，如了解企业和所应聘岗位的信息，能够举例证明对面试高度重视 有清晰的职业规划，如对未来的工作有具体的行动计划，或者对未来的工作业绩有比较务实的目标等 表现出不达目标誓不罢休的求职意愿，极力争取每一次回答问题的机会，并积极向面试官传达求职的诚意

3.1.5 建筑类企业校园招聘面试评分表

不少建筑类企业在国外都有工程项目,如建设桥梁、机场、医院、体育馆、高速公路、办公大楼等。这些企业的校园招聘需求比较高,而且招聘的员工会有外派或者驻外工作的安排。

以下是两家建筑类知名央企的面试评分表,如表 3-12 和表 3-13 所示。

表 3-12　建筑类知名央企校园招聘面试评分表(一)

考生编号	评价维度							
	仪表举止 10 分	沟通能力 10 分	专业知识和技能 10 分	在校期间的表现 10 分	抗压能力 20 分	应变能力 10 分	学习能力 10 分	外语水平 20 分
001								
002								
003								

表 3-13　建筑类知名央企校园招聘面试评分表(二)

考生编号	评价维度							
	形象气质 10 分	沟通能力 10 分	对国际工程行业的了解 10 分	抗压能力 10 分	应变能力 10 分	驻外工作意愿 20 分	组织认同 20 分	外语水平 10 分
001								
002								
003								

以下是建筑类某国企（武汉分公司）使用的面试评分表，如表 3-14 所示。

表 3-14　建筑类某国企（武汉分公司）校园招聘面试评分表

考生编号	评价维度						
	专业知识维度	半结构化面试维度			其他维度	
	岗位匹配 40分	自驱力 15分	团队合作 15分	沟通协调 10分	工作稳定性 10分	英语水平 5分	形象气质 5分
001							
002							
003							

这家企业对评价维度进行了详细说明，如表 3-15 所示。

3.1.6　科研院所类企业校园招聘面试评分表

在校园招聘过程中，科研院所类企业（或者单位）会重点关注考生的专业能力、实习经历、创新能力、问题分析与解决能力、抗压能力等，同时也会关注团队合作、自驱力和求职意愿等方面。以下将展示在新能源、航空航天、先进设备制造等领域有代表性的科研院所类企业的面试评分表，如表 3-16、表 3-17、表 3-18 所示。

表3-15 建筑类某国企（武汉分公司）校园招聘面试评价维度说明

评价维度	专业知识维度	半结构化面试维度			其他维度	
	岗位匹配	自驱力	团队合作	沟通协调	工作稳定性	英语水平	形象气质
权重分数	40分	15分	15分	10分	10分	5分	5分
考评要求	所学专业与所应聘岗位要求的专业方向一致或者专业方向相关，专业课成绩较好，至少达到中等以上水平在校期间考取了与专业相关的技能证书实习期间所应用所学专业，将理论与实践相结合在面试过程中，表现出所掌握的专业知识和技能优于其他多数考生	具备较强的时间观念，能够做到准时甚至提前完成学业或者工作任务在考取技能证书或参加实习工作等方面表现积极，有先人一步的做事态度不满足于现有的成绩，对自己有更高的要求，有一种不达目标誓不罢休的精神主动学习的意愿比较强烈	在校期间，能够换位思考，主动包容和谦让他人在校期间，乐于助人，愿意主动协助或者支持他人在面试现场，体现出比较自信和外向的性格特征为了达成团队目标，能够舍弃个人利益，敢于担任重要角色，如团队骨干，鼓励人或带动团队成员达成目标	具备较强的语言表达能力，说话条理清晰，重点明确与面试官沟通的时候，具备倾听意识，回答问题有针对性，不偏题，不跑题在校期间有组织协调方面的经历，并具备分或者化解矛盾冲突事件的经验在校期间有灵活应对突发事件的经历，在面试现场应变能力比较强	面试前做了充分的准备，如了解企业和所应聘岗位的信息，能够举例证明自己对面试高度重视有清晰的职业规划，如对未来的行动计划，或者未来的工作业绩比较有实体目标表现出求职意愿，极力争取每一次回答问题的机会，并积极向面试官传达求职的诚意	具备英语四级或者六级证书，尤其是在听说方面能够自然流畅地与国外人交流具备一些商务礼仪文化的表达技巧，不会生硬地表达自己的想法具备用英文书写电子邮件的表达技巧	言行举止有礼貌，站有站相，坐有坐相，体现出训练有素的行为特征着装得体，没有穿奇装异服，女生在发型、穿戴配饰等细节方面未显张扬、矫揉造作或怪异，男生五官端正，个人形象干净利落，在面试行为方面没有不良习气给面试官的印象是自信、阳光、健康

表3-16 科研院所类企业的面试评分表（一）

姓名	评价维度					面试官评语
	专业能力	实习经历	团队合作	自驱力	责任心	
张三						
李四						
王五						
赵六						

表3-17 科研院所类企业的面试评分表（二）

考生编号	评价维度								求职意愿 15分
	专业匹配	职业素养			问题分析与解决能力			
	专业能力 20分	形象气质 5分	言谈举止 5分	职业态度 10分	学习能力 15分	沟通协调 15分	执行力 15分		
001									
002									
003									

表3-18 科研院所类企业的面试评分表（三）

考生编号	评价维度					
	专业匹配 30分	自驱力 20分	创新能力 20分	沟通协调 10分	求职意愿 10分	组织认同 10分
001						
002						
003						

3.2 基于面试评分表的面试问题库

上一节列举了众多企业校园招聘的面试评分表。由于面试评分表给出了非常明确的评价维度，因此面试官就有了参考依据。但是，除了面试评分表，面试官还需要一个结构化面试问题库，也就是基于面试评分表评价维度而设计的标准的、规范的、有针对性的面试问题汇总。

接下来，基于 3.1 名企校园招聘面试评分表，逐一给出对应的面试问题库。

3.2.1 银行类企业校园招聘面试问题库

银行类企业校园招聘的岗位主要是柜员岗位、营销岗位和科技岗位这三大类。以上岗位对考生的胜任能力要求有明显的差异，因此，需要有针对性地设计这三个岗位的面试问题。某银行校园招聘的面试问题库可供参考。

某银行校园招聘柜员岗位的面试问题库，如表 3-19 所示。

表 3-19　某银行校园招聘柜员岗位面试问题库

评价维度	面试问题或要求	追问环节
职业形象	考生需要符合以下条件： 1. 穿着得体，举止规范，有礼貌 2. 男生不留长发，站有站相，坐有坐相 3. 女生没有佩戴夸张的首饰，不矫揉造作	

（续）

评价维度		面试问题或要求	追问环节
沟通能力		1. 回答问题声音洪亮 2. 吐字清晰，没有明显的口吃 3. 能够清晰地表达自己的观点 4. 比较有条理、有重点地回答问题	
综合素质	严谨细致	1. 分享在校期间或者实习期间，养成了哪些严谨细致方面的好习惯 2. 你具备严谨细致的特质吗？如果具备，请举例	• 为什么要养成这个好习惯 • 如何培养这样的习惯 • 用了多久养成习惯
	团队合作	1. 请列举在校期间或者实习期间最能够证明或体现出你对他人谦让、忍让、包容，或者换位思考、理解他人的事例 2. 请列举在校期间或者实习期间最能够证明或体现你主动帮助、辅助、协助、配合他人，或者对他人无私付出的事例	• 当时发生了什么（事情的起因是怎样的？） • 你当时是怎么做的（如何换位思考？如何谦让他人？如何帮助、辅助、协助、配合他人？）
	责任心	在校期间你有过哪些任职	• 担任过班干部吗 • 担任过哪些校内职务 • 是党员吗（或者预备党员？） • 获得过优秀班干部荣誉称号，或者其他荣誉称号吗 • 是否参加过社会公益活动，或者有当志愿者的经历吗
求职意愿		1. 为了参加今天的面试，你事先做过哪些准备 2. 说说为了做好这个岗位的工作，你有过哪些设想？都做了哪些准备 3. 你能否胜任这个岗位？如果能，说说你的理由，或者我们为什么要选择你 4. 这个岗位能够满足你的期望吗？或者这个岗位能够给你带来什么价值 5. 给你一分钟时间，尽你最大努力让面试官相信你非常希望获得这个机会	

某银行校园招聘营销岗位面试问题库，如表3-20所示。

表3-20 某银行校园招聘营销岗位面试问题库

评价维度		面试问题或要求	追问环节
职业形象		考生需要符合以下条件： 1. 穿着得体，举止规范，有礼貌 2. 男生不留长发，站有站相，坐有坐相 3. 女生没有佩戴夸张的首饰，不矫揉造作	
服务意识		分享一个在校期间或者实习期间，通过你细心、周到的服务赢得他人认可的事例	• 具体说说你都做了什么 • 哪些地方体现了你的细心和周到？对方是怎样认可你的
综合素质	进取心	分享一个在学习上或者实习过程中不达目标誓不罢休的事例	• 说说你的目标是什么 • 这个目标有何难度或者挑战性 • 说说达成这个目标的过程？你付出了哪些努力 • 结果如何
	责任心	在校期间你有过哪些任职	• 担任过班干部吗 • 担任过哪些校内职务 • 是党员吗（或者预备党员？） • 获得过优秀班干部荣誉称号，或者其他荣誉称号吗 • 是否参加过社会公益活动，或者有当志愿者的经历吗
	团队合作	1. 请列举在校期间或者实习期间最能够证明或体现你对他人谦让、忍让、包容，或者换位思考，理解他人的事例 2. 请列举在校期间或者实习期间最能够证明或体现你主动帮助、辅助、协助、配合他人，或者对人无私付出的事例	• 当时发生了什么（事情的起因是怎样的？） • 你当时是怎么做的（如何换位思考？如何谦让他人？如何帮助、辅助、协助、配合他人？）

（续）

评价维度	面试问题或要求	追问环节
求职意愿	1. 为了参加今天的面试，你事先做过哪些准备 2. 说说为了做好这个岗位的工作，你有过哪些设想？都做了哪些准备 3. 你能否胜任这个岗位？如果能，说说你的理由，或者我们为什么要选择你 4. 这个岗位能够满足你的期望吗？或者这个岗位能够给你带来什么价值 5. 给你一分钟时间，尽你最大努力让面试官相信你非常希望获得这个机会	

某银行校园招聘科技岗位面试问题库，如表 3-21 所示。

表 3-21 某银行校园招聘科技岗位面试问题库

评价维度	面试问题或要求	追问环节
职业形象	1. 回答问题声音洪亮 2. 吐字清晰，没有明显的口吃 3. 能够清晰地表达自己的观点 4. 比较有条理、有重点地回答问题	
专业与技术背景	1. 请结合所应聘的岗位，说说自己有哪些专业方面的优势 2. 在校期间，你的专业课学习成绩如何？在同学中是什么水平 3. 说说毕业论文的选题和内容，都用到了哪些专业知识 4. 在校期间参加过哪些学习兴趣小组，或者参加过哪些学术类的项目 5. 是否参加过与本专业相关的比赛和竞赛？是否获奖？其间，你承担了什么角色	

（续）

评价维度		面试问题或要求	追问环节
综合素质	学习能力	1. 在校期间学习成绩如何 2. 是否参加过比赛和竞赛，是否获奖 3. 是否有发明专利？是什么专利 4. 在校期间通过主动学习解决过什么难题	● 遇到了什么难题 ● 难在哪里 ● 需要学习什么 ● 怎么学习的 ● 如何用所学知识解决难题，说说经过
	团队合作	1. 请列举在校期间或者实习期间最能够证明或体现你对他人谦让、忍让、包容，或者换位思考，理解他人的事例 2. 请列举在校期间或者实习期间最能够证明或体现你对身边人主动提供支持、帮助、辅助、协助，甚至是无私付出的事例	● 当时发生了什么（事情的起因是怎样的？） ● 你当时是怎么做的（如何换位思考？如何谦让他人？如何帮助、辅助、协助他人？）
	责任心	在校期间你有过哪些任职	● 担任过班干部吗 ● 担任过哪些校内职务 ● 是党员吗（或者预备党员？） ● 获得过优秀班干部荣誉称号，或者其他荣誉称号吗 ● 是否参加过社会公益活动，或者有当志愿者的经历吗
求职意愿		1. 为了参加今天的面试，你事先做过哪些准备 2. 说说为了做好这个岗位的工作，你有过哪些设想？都做了哪些准备 3. 你能否胜任这个岗位？如果能，说说你的理由，或者我们为什么要选择你 4. 这个岗位能够满足你的期望吗？或者这个岗位能够给你带来什么价值 5. 给你一分钟时间，尽你最大努力让面试官相信你非常希望获得这个机会	

3.2.2　油气类企业校园招聘面试问题库

以下是某油气企业校园招聘的面试问题库，可供油气类企业参考，如表3-22所示。

表3-22　某油气企业校园招聘面试问题库

评价维度	面试问题	追问环节
专业匹配	1. 请结合所应聘的岗位，说说自己有哪些专业方面的优势 2. 在校期间，你的专业课学习成绩如何？在同学中是什么水平 3. 说说毕业论文的选题和内容，都用到了哪些专业知识 4. 在校期间参加过哪些学习兴趣小组，或者参加过哪些学术类的项目 5. 是否参加过与本专业相关的比赛和竞赛？是否获奖？其间，你担任了什么角色	
沟通协调	1. 在校期间参加过什么活动吗 2. 请举例证明自己具备较强的沟通协调能力	• 参加的是什么活动 • 你是活动的负责人或组织者，还是辅助角色 • 是否碰到过需要沟通协调的事情 • 需要跟谁沟通协调 • 沟通协调是否有难度？请举例说明 • 最终的结果如何？你是如何做到的
创新思维	1. 在校期间参加过哪些比赛或者竞赛 2. 在校期间是否有参与发明创造的事例 3. 你获得过什么专利吗？请举例	• 是否获奖？其中，你的角色或者贡献是什么 • 简要说说你的发明创造的经过 • 你的发明创造解决了什么问题或者难题 • 具体说说你获得了什么专利 • 你是这个专利的第几作者

（续）

评价维度	面试问题	追问环节
团队合作	1. 请列举在校期间或者实习期间最能够证明或体现你对他人谦让、忍让、包容，或者换位思考、理解他人的事例 2. 请列举在校期间或者实习期间最能够证明或体现你主动帮助、辅助、协助、配合他人，或者对他人无私付出的事例	• 当时发生了什么（事情的起因是怎样的？） • 你当时是怎么做的（如何换位思考？如何谦让他人？如何帮助、辅助、协助、配合他人？）
发展潜力	1. 请举例证明你是一个时间观念比较强的人 2. 举例证明自己具备不达目标誓不罢休的特点 3. 在校期间，你是如何规划自己的学习和生活的 4. 在校期间你养成了哪些有利于未来职场发展的好习惯？请举例 5. 为了更好地择业或者就业，在校期间，你都做了哪些准备？请举例 6. 在校期间或实习期间，是否有超额或者超预期地完成任务，让老师或者领导对你非常满意的事例？请举例	• 为了达成目标，你做了哪些努力？克服了哪些困难？结果如何 • 自己是如何养成好习惯的，简要地说说过程 • 具体说说老师或者领导给你的任务是什么 • 为什么说你所做的超出了他们的预期 • 具体说说你都做了哪些工作或者努力，从而超出了他们的预期

3.2.3　电力类企业校园招聘面试问题库

以下是某电力企业校园招聘的面试问题库，可供电力类企业参考，如表3-23所示。

表3-23　某电力企业校园招聘面试问题库

评价维度		面试问题	追问环节
通用能力评价维度	执行力	请分享在时间紧张或者遇到突发事件的情况下，你克服种种困难，最终完成任务的事例	● 时间有多紧张 ● 遇到了哪些困难 ● 你是如何克服困难的 ● 最终的结果如何
	团队合作	1. 请列举在校期间或者实习期间最能够证明或体现你对他人谦让、忍让、包容，或者换位思考、理解他人的事例 2. 请列举在校期间或者实习期间最能够证明或体现你主动帮助、辅助、协助、配合他人，或者对他人无私付出的事例	● 当时发生了什么（事情的起因是怎样的？） ● 你当时是怎么做的（如何换位思考？如何谦让他人？如何帮助、辅助、协助、配合他人？）
	责任心	1. 在校期间参加过哪些校内外活动 2. 是否担任过班干部或者院校的学生会干部，或者兼任过哪些职务，如宿舍管理员、课代表等 3. 是否从事过社会公益活动，或者做过志愿者 4. 是否有在团队活动中主动承担更多工作任务的事例？如果有，请举例 5. 是否有在团队活动中主动帮助、辅助、协助队友的事例？如果有，请举例	● 在活动中，你是什么角色 ● 你是如何担任这个角色的 ● 在社会公益活动中具体都做了什么 ● 担任志愿者多久了 ● 评价一下自己的表现

（续）

评价维度		面试问题	追问环节
通用能力评价维度	求职意愿	1. 为了参加今天的面试，你事先做过哪些准备 2. 说说为了做好这个岗位的工作，你有过哪些设想？都做了哪些准备 3. 你能否胜任这个岗位？如果能，说说你的理由，或者我们为什么要选择你 4. 这个岗位能够满足你的期望吗？或者这个岗位能够给你带来什么价值 5. 给你一分钟时间，尽你最大努力让面试官相信你非常希望获得这个机会	
电力生产类岗位评价维度	专业匹配	1. 请结合所应聘的岗位，说说自己有哪些专业方面的优势 2. 在校期间，你的专业课学习成绩如何？在同学中是什么水平 3. 说说毕业论文的选题和内容，都用到了哪些专业知识 4. 在校期间参加过哪些学习兴趣小组，或者参加过哪些学术类的项目 5. 是否参加过与本专业相关的比赛和竞赛？是否获奖？其间，你担任了什么角色	
	严谨细致	1. 分享在校期间或者实习期间，养成了哪些严谨细致方面的好习惯 2. 你具备严谨细致的特质吗？如果具备，请举例	• 为什么要养成这个好习惯 • 如何培养这样的习惯 • 用了多久养成习惯
经营管理类岗位评价维度	服务意识	分享一个在校期间或者实习期间，通过你细心、周到的服务赢得他人认可的事例	• 具体说说你都做了什么 • 哪些地方体现了你的细心和周到 • 对方是怎样认可你的

181

（续）

评价维度	面试问题	追问环节
经营管理类岗位评价维度 沟通协调	1. 在校期间参加过什么活动吗 2. 请举例证明自己具备较强的沟通协调能力	• 参加的是什么活动 • 你是活动的负责人或组织者，还是辅助角色 • 是否碰到过需要沟通协调的事情 • 需要跟谁沟通协调 • 沟通协调是否有难度？请举例说明 • 最终的结果如何？你是如何做到的

举个例子，以下是某电力企业电力电子软件工程师岗位的任职资格要求：

- 全日制统招本科及以上学历，电气工程及其自动化、自动化、电力电子、电力传动、控制工程等相关专业。
- 具备电力电子、控制理论等学科的基础知识。
- 熟练掌握 C/C++ 编程语言，良好的模拟电路与数字电路基础。
- 熟悉 TI（F28 系列）DSP 软件开发调试和电源产品控制设计。
- 熟悉常用电子元器件的选择和使用，掌握数字控制技术，具备 CPU/DSP 控制单板设计能力。

- 具有良好的学习能力和沟通协调能力。

该企业针对上述任职资格要求设计的电力电子软件工程师岗位面试问题库，如表 3-24 所示。

表 3-24　某电力企业电力电子软件工程师岗位面试问题库

评价维度	考查项	面试问题
专业知识	编程能力	1. 在校期间，与编程相关的专业课都有哪些 2. 考试成绩如何
	技能证书	1. 曾经获得过哪些技能证书 2. 是否有与专业相关的技能证书，请举例
	开发工具掌握程度	1. 在之前的工作中，都应用过哪些开发工具 2. 这些工具的掌握程度如何？请举例
工作经验	实习经历	1. 有过哪些实习经历 2. 是否有与应聘工作相关的实习经历 3. 举例说说在实习工作中有哪些能力得到了提升
	毕业设计	1. 说说毕业设计的主要内容和亮点 2. 毕业设计过程中遇到过什么困难 3. 这些困难是如何解决的
	比赛或竞赛经历	1. 是否有参加比赛或者竞赛的经历 2. 举例说说在比赛或竞赛中有哪些能力得到了提升
	项目经验（课题研究等）	1. 参加过哪些课题研究 2. 在校期间参加过什么项目？请举例 3. 有哪些能力从中得到提升

（续）

评价维度	考查项	面试问题
综合素质	责任心	1. 在校期间，是否担任过班干部 2. 是否担任过学生会干部 3. 是否做过志愿者 4. 是否参与过社会公益活动 5. 获得过哪些表彰或者荣誉
	团队合作	1. 请列举在校期间或者实习期间最能够证明或体现你对他人谦让、忍让、包容，或者换位思考、理解他人的事例 2. 请列举在校期间或者实习期间最能够证明或体现你主动帮助、辅助、协助、配合他人，或者对他人无私付出的事例
	学习能力	1. 在校期间学习成绩如何 2. 是否参加过比赛和竞赛，是否获奖 3. 是否有发明专利？是什么专利 4. 在校期间通过主动学习解决了什么难题
	抗压能力	1. 分享一个你在校期间或者实习期间不达目标誓不罢休的事例 2. 为了更好地择业和就业，在校期间你都做了哪些准备？请举例
	沟通协调	1. 在校期间参加过什么活动吗？ 2. 请举例证明自己具备较强的沟通协调能力

3.2.4 电信类企业校园招聘面试问题库

以下是某电信企业校园招聘的面试问题库，供参考，如表3-25所示。

表 3-25　某电信企业校园招聘面试问题库

评价维度	面试问题或要求
职业形象	考生需要符合以下条件： 1. 穿着得体，举止规范，有礼貌 2. 男生不留长发，站有站相，坐有坐相 3. 女生没有佩戴夸张的首饰，不矫揉造作
沟通能力	考生需要符合以下条件： 1. 能够清晰地表达自己的观点，最好能做到有条理、有重点地表达 2. 能够准确理解面试官的意思，回答问题的时候不偏题、不跑题 3. 具备较强的倾听意识，不轻易打断他人讲话，有主动沟通的意愿
抗压能力	1. 分享一个在校期间或者实习期间不达目标誓不罢休的事例 2. 你是否有参加比赛或者竞赛的经历。有没有让你印象特别深刻的比赛或者竞赛？说说你在比赛中是什么角色？比赛的结果如何？你有什么收获
责任心	1. 在校期间参加过哪些校内外活动？在活动中，你是什么角色？你是否较好地完成了这个角色的任务？请举例 2. 是否担任过班干部或者院校的学生会干部，或者兼任过哪些职务，如宿舍管理员、课代表等 3. 是否从事过社会公益活动，或者做过志愿者？具体说说都做了什么？做了多久？评价一下自己的表现 4. 是否有在团队活动中主动承担更多工作任务的事例？如果有，请举例 5. 是否有在团队活动中主动帮助、辅助、协助队友的事例？如果有，请举例
求职意愿	1. 为了参加今天的面试，你事先做过哪些准备？请举例 2. 说说为了做好这个岗位的工作，你有过哪些设想？都做了哪些准备 3. 你能否胜任这个岗位？如果能，说说你的理由，或者我们为什么要选择你

(续)

评价维度	面试问题或要求
求职意愿	4. 这个岗位能够满足你的期望吗？或者这个岗位能够给你带来什么价值 5. 给你一分钟时间，尽你最大努力让面试官相信你非常希望获得这个机会

3.2.5 建筑类企业校园招聘面试问题库

以下是某建筑企业校园招聘的面试问题库，可供建筑类企业参考，如表 3-26 所示。

表 3-26 某建筑企业校园招聘面试问题库

评价维度	面试问题或要求
仪表举止	考生需要符合以下条件： 1. 穿着得体，举止规范，有礼貌 2. 男生不留长发，站有站相，坐有坐相 3. 女生没有佩戴夸张的首饰，不矫揉造作
沟通能力	考生需要符合以下条件： 1. 能够清晰地表达自己的观点，最好能做到有条理、有重点地表达 2. 能够准确理解面试官的意思，回答问题的时候不偏题、不跑题 3. 具备较强的倾听意识，不轻易打断他人讲话，有主动沟通的意愿
专业知识和技能	1. 请结合所应聘的岗位，说说自己有哪些专业方面的优势 2. 在校期间，你的专业课学习成绩如何？在同学中是什么水平 3. 是否有实习经历？实习期间，应用或者学习了哪些专业知识？掌握了哪些新的专业技能？请举例

（续）

评价维度	面试问题或要求
在校期间的表现	1. 说说在校期间有哪些比较突出的表现 2. 在校期间，除了学习，还做了哪些有意义的事情，请举例 3. 说说在校期间，你是如何计划和安排学习、实习、课余生活等诸多事项的 4. 你如何评价自己在校期间的表现？你对自己大学期间的生活是否满意？为什么
抗压能力	1. 分享一个在校期间或者实习期间不达目标誓不罢休的事例 2. 你是否有参加比赛或者竞赛的经历？有没有让你印象特别深刻的比赛或者竞赛？说说你在比赛中是什么角色？比赛的结果如何？你有什么收获
应变能力	1. 分享一个在校期间或者实习期间，在时间紧张，或者遭遇突发事件，而且任务有难度的情况下，你仍然较好地完成任务的事例 2. 你是否遇到过难以相处的人？为什么会觉得对方难以相处？你采用了什么方式与对方相处？结果如何？你从中有哪些收获或者经验总结
学习能力	1. 在校期间学习成绩如何 2. 是否参加过比赛和竞赛，是否获奖 3. 是否有发明专利？是什么专利 4. 在校期间通过主动学习解决过什么难题
外语水平	考生需要符合以下条件： 1. 考取英语四级证书 2. 在面试现场能够回答面试官提出的英文问题 3. 有自学考雅思的经历，并至少取得雅思 6 分的成绩，可给予适当加分

有的建筑类央企为了积极拓展海外业务，在校园招聘的时

候，会增加对海外岗位要求的考查项，如表 3-27 所示。

表 3-27 建筑类某央企海外岗位校园招聘面试问题库

评价维度	面试问题或要求
形象气质	考生需要符合以下条件： 1. 穿着得体，举止规范，有礼貌 2. 男生不留长发，站有站相，坐有坐相，精神饱满 3. 女生没有佩戴夸张的首饰，不矫揉造作，自信阳光
沟通能力	考生需要符合以下条件： 1. 能够清晰地表达自己的观点，最好能做到有条理、有重点地表达 2. 能够准确理解面试官的意思，回答问题的时候不偏题、不跑题 3. 具备较强的倾听意识，不轻易打断他人讲话，有主动沟通的意愿
对国际工程行业的了解	1. 你对我们公司的海外工程业务是否了解 2. 目前公司的海外工程业务主要分布在亚洲、非洲和拉丁美洲的发展中国家，跟当地人打交道需要了解他们的文化特点，对此，你是否有相关的知识储备？如果有，请举例
抗压能力	1. 分享一个在校期间或者实习期间不达目标誓不罢休的事例 2. 你是否有参加比赛或者竞赛的经历？有没有让你印象特别深刻的比赛或者竞赛？说说你在比赛中是什么角色？比赛的结果如何？你有什么收获
应变能力	1. 分享一个在校期间或者实习期间，在时间紧张，或者遭遇突发事件，而且任务有难度的情况下，你仍然较好地完成任务的事例 2. 你是否遇到过难以相处的人？为什么会觉得对方难以相处？你采用了什么方式与对方相处？结果如何？你从中有哪些收获或者经验总结

（续）

评价维度	面试问题或要求
驻外工作意愿	1. 你应聘的这个岗位是需要驻外的，你是否提前有了解 2. 如果你应聘成功了，你认为外派之前需要做哪些准备 3. 你最多能接受多长时间的外派（或驻外）工作？请具体到月份 4. 将来安排你驻外工作，你对驻外的地点和时间方面有哪些要求吗？请说明原因 5. 对于外派的工作，你是否有疑虑、困惑、担心、纠结？如果有，请大胆说出你的想法。我们愿意为你解答
组织认同	1. 你对未来的工作有哪些期待 2. 你喜欢在什么样的环境下工作 3. 你喜欢跟什么样的人一起工作 4. 你对我们公司有哪些了解？你认为我们公司能为你带来什么价值？你能为我们公司带来什么价值 5. 对于今天的面试，你是否跟家人沟通过？你们沟通的内容是什么 6. 给你一分钟时间，阐述为什么我们要选择你
外语水平	考生需要符合以下条件： 1. 考取英语四级证书 2. 在面试现场能够回答面试官提出的英文问题 3. 有自学考雅思的经历，并至少取得雅思 6 分的成绩，可给予适当加分

以下是建筑类某国企（武汉分公司）校园招聘的面试问题库，如表 3-28 所示。

表 3-28 建筑类某国企（武汉分公司）校园招聘面试问题库

评价维度		面试问题或要求	追问环节
专业知识维度	岗位匹配	1. 请结合所应聘的岗位，说说自己有哪些专业方面的优势 2. 在校期间，你的专业课学习成绩如何？在同学中是什么水平 3. 说说毕业论文的选题和内容，都用到了哪些专业方面的知识 4. 在校期间参加过哪些学习兴趣小组？或者参加过哪些学术类项目 5. 是否参加过与本专业相关的比赛和竞赛？是否获奖？其间，你担任了什么角色	
半结构化面试维度	自驱力	1. 在校期间，你通过参加哪些学习或者实习活动来提升自己？请举例 2. 为了更好地择业和就业，在校期间你都做了哪些准备？请你从学习、实习、考取证书、参加比赛、所获荣誉等方面进行阐述	• 具体说说都有哪些活动 • 为什么说这些活动有助于提升自己 • 如果有实习经历，是从什么时候开始的 • 都考取了哪些技能证书？是什么时候考取的
	团队合作	1. 请列举在校期间或者实习期间最能够证明或体现你对他人谦让、忍让、包容，或者换位思考、理解他人的事例 2. 请列举在校期间或者实习期间最能够证明或体现你主动帮助、辅助、协助、配合他人，或者对他人无私付出的事例 3. 请分享一个在团队活动中，你为了顾全大局而放弃个人利益的事例，或者说你不计较个人利益得失，为团队或者组织做出贡献的事例	• 当时发生了什么（事情的起因是怎样的？） • 你当时是怎么做的（如何换位思考？如何谦让他人？如何帮助、辅助、协助、配合他人？）

（续）

评价维度		面试问题或要求	追问环节
半结构化面试维度	沟通协调	1. 在校期间参加过什么活动吗 2. 请举例证明自己具备较强的沟通协调能力	● 参加的是什么活动 ● 你是活动的负责人或组织者，还是辅助角色 ● 是否碰到过需要沟通协调的事情 ● 需要跟谁沟通协调 ● 沟通协调是否有难度？请举例说明 ● 最终的结果如何？你是如何做到的
	工作稳定性	1. 最近给哪些企业投递过简历 2. 参加了哪些企业的面试？有何进展 3. 对自己未来的工作和生活有何设想？未来3年的工作目标是什么 4. 为什么应聘我们公司？对于我们公司，你最看重什么	● 你喜欢从事什么类型的工作 ● 你对工作环境有何要求 ● 你期望的薪酬是多少 ● 如果这个岗位有出差（或者加班）的要求，你不太期望或者不太方便在什么时间出差（或者加班）？说说原因
其他维度	英语水平	考生需要符合以下条件： 1. 考取英语四级（或六级）证书 2. 在面试现场能够回答面试官提出的英文问题 3. 有自学考雅思的经历，并至少取得雅思6分的成绩，可适当加分	● 询问考生是什么时候考取四级（或六级）证书的 ● 询问考生是什么时候考雅思的，听、说、读、写的成绩分别是多少分 ● 考生备考英语四级、六级考试用了多长时间？成绩是多少
	形象气质	考生需要符合以下条件： 1. 穿着得体，举止规范，有礼貌 2. 男生不留长发，站有站相，坐有坐相，精神饱满 3. 女生没有佩戴夸张的首饰，不矫揉造作，自信阳光	

3.2.6 科研院所类企业校园招聘面试问题库

以下是三家科研院所类企业校园招聘的面试问题库，可供科研院所类企业参考，如表3-29、表3-30、表3-31所示。

表3-29 科研院所类企业校园招聘面试问题库（一）

评价维度	面试问题	追问环节
专业能力	1. 请结合所应聘的岗位，说说自己有哪些专业方面的优势 2. 在校期间，你的专业课学习成绩如何？在同学中是什么水平 3. 说说毕业论文的选题和内容，都用到了哪些专业方面的知识 4. 在校期间参加过哪些学习兴趣小组？或者参加过哪些学术类项目 5. 是否参加过与本专业相关的比赛和竞赛？是否获奖？其间，你担任了什么角色	
实习经历	1. 在校期间有哪些实习经历 2. 是否有跟专业对口的实习经历 3. 你的实习经历对应聘这个岗位有什么帮助	• 说说让你印象最深刻的一段实习经历 • 实习期间的具体工作是什么 • 这段实习持续了多久 • 为什么说这段实习让你印象最深刻 • 这段实习与你的专业是否相关 • 从这段实习中，你收获了什么

（续）

评价维度	面试问题	追问环节
团队合作	1. 请列举在校期间或者实习期间最能够证明或体现你对他人谦让、忍让、包容，或者换位思考、理解他人的事例 2. 请列举在校期间或者实习期间最能够证明或体现你主动帮助、辅助、协助、配合他人，或者对他人无私付出的事例 3. 请分享一个在团队活动中，你为了顾全大局而放弃个人利益的事例，或者说你不计较个人利益得失，为团队或者组织做出贡献的事例	• 当时发生了什么（事情的起因是怎样的？） • 你当时是怎么做的（如何换位思考？如何谦让他人？如何帮助、辅助、协助、配合他人？）
自驱力	1. 在校期间，你通过参加哪些学习或者实习活动来提升自己？请举例 2. 为了更好地择业和就业，在校期间你都做了哪些准备？请你从学习、实习、考取证书、参加比赛、所获荣誉等方面进行阐述	• 具体说说都有哪些活动 • 为什么说这些活动有助于提升自己 • 如果有实习经历，是从什么时候开始的 • 都考取了哪些技能证书？是什么时候考取的
责任心	1. 在校期间参加过哪些校内外活动 2. 是否担任过班干部或者院校的学生会干部，或者兼任过哪些职务，如宿舍管理员、课代表等 3. 是否从事过社会公益活动，或者做过志愿者 4. 是否有在团队活动中主动承担更多工作任务的事例？如果有，请举例 5. 是否有在团队活动中主动帮助、辅助、协助队友的事例？请举例	• 在活动中，你是什么角色 • 你是如何担任这个角色的 • 在社会公益活动中具体都做了什么 • 担任志愿者多久了 • 评价一下自己的表现

表 3-30 科研院所类企业校园招聘面试问题库（二）

评价维度		面试问题	追问环节
专业匹配	专业能力	1. 请结合所应聘的岗位，说说自己有哪些专业方面的优势 2. 在校期间，你的专业课学习成绩如何？在同学中是什么水平 3. 说说毕业论文的选题和内容，都用到了哪些专业知识 4. 在校期间参加过哪些学习兴趣小组，或者参加了哪些学术类项目 5. 是否有参加过与本专业相关的比赛和竞赛？是否获奖？其间，你担任了什么角色	
职业素养	形象气质	考生需要符合以下条件： 1. 男生不留长发，站有站相，坐有坐相，精神饱满 2. 女生没有佩戴夸张的装饰，不矫揉造作，自信阳光	
	言谈举止	考生需要符合以下条件： 1. 举止规范，有礼貌 2. 能够清晰地表达自己的观点，最好能做到有条理、有重点地表达 3. 能够准确理解面试官的意思，回答问题的时候不偏题、不跑题 4. 具备较强的倾听意识，不轻易打断他人讲话，有主动沟通的意愿	
	职业态度	1. 在校期间或者实习期间，你养成了哪些严谨细致的好习惯 2. 是否有在团队活动中主动承担更多工作任务的事例？如果有，请举例 3. 请举例在完成老师或者领导安排的工作任务的过程中，你不但完成了而且还超出了他们的预期的事例	• 请举例说说你养成好习惯的过程 • 这个工作任务是否有难度 • 说说完成工作任务的过程 • 为什么说你超出了他们的预期？请举例说明

第 3 章　企业校园招聘经验分享

（续）

评价维度		面试问题	追问环节
问题分析与解决能力	学习能力	1. 在校期间学习成绩如何 2. 是否参加过比赛和竞赛，是否获奖 3. 是否有发明专利？是什么专利 4. 在校期间通过主动学习解决过什么难题	• 遇到了什么难题 • 难在哪里 • 需要学习什么 • 怎么学习的 • 如何用所学解决难题，说说经过
	沟通协调	1. 在校期间参加过什么活动吗 2. 请举例证明自己具备较强的沟通协调能力	• 参加的是什么活动 • 你是活动的负责人或组织者，还是辅助角色 • 是否碰到过需要沟通协调的事情 • 需要跟谁沟通协调 • 沟通协调是否有难度？请举例说明 • 最终的结果如何？你是如何做到的
	执行力	请分享在时间紧张或者遇到突发事件的情况下，你克服种种困难，最终完成任务的事例	• 时间有多紧张 • 遇到了哪些困难 • 你是如何克服困难的 • 最终的结果如何
求职意愿		1. 为了参加今天的面试，你事先做过哪些准备 2. 说说为了做好这个岗位的工作，你有过哪些设想 3. 你能否胜任这个岗位？如果能，说说你的理由，或者我们为什么要选择你 4. 你认为这个岗位能够满足你的期望吗？或者这个岗位能够给你带来什么价值 5. 给你一分钟时间，尽你最大努力让面试官相信你非常希望获得这个机会	

表 3-31　科研院所类企业校园招聘面试问题库（三）

评价维度	面试问题	追问环节
专业匹配	1. 请结合所应聘的岗位，说说自己有哪些专业方面的优势 2. 在校期间，你的专业课学习成绩如何？在同学中是什么水平 3. 说说毕业论文的选题和内容，都用到了哪些专业方面的知识 4. 在校期间参加过哪些学习兴趣小组？或者参加过哪些学术类项目 5. 是否参加过与本专业相关的比赛和竞赛？是否获奖？其间，你担任了什么角色	
自驱力	1. 在校期间，你通过参加哪些学习或者实习活动来提升自己？请举例 2. 为了更好地择业和就业，在校期间你都做了哪些准备？请你从学习、实习、考取证书、参加比赛、所获荣誉等方面进行阐述	• 具体说说都有哪些活动 • 为什么说这些活动有助于提升自己 • 如果有实习经历，是从什么时候开始的 • 都考取了哪些技能证书？是什么时候考取的
创新能力	1. 在校期间参加过哪些比赛或者竞赛 2. 在校期间是否有过发明创造的事例 3. 你获得过什么专利吗？请举例	• 是否获奖？其中，你的角色或者贡献是什么 • 简要说说你的发明创造的经过 • 你的发明创造解决了什么问题或者难题 • 具体说说你获得了什么专利 • 你是这个专利的第几作者
沟通协调	1. 在校期间参加过什么活动吗 2. 请举例证明自己具备较强的沟通协调能力	• 参加的是什么活动 • 你是活动的负责人或组织者，还是辅助角色 • 是否碰到过需要沟通协调的事情 • 需要跟谁沟通协调 • 沟通协调是否有难度？请举例说明 • 最终的结果如何？你是如何做到的

（续）

评价维度	面试问题	追问环节
求职意愿	1. 最近给哪些企业投递过简历 2. 参加了哪些企业的面试？有何进展 3. 对自己未来的工作和生活有何设想？未来3年的工作目标是什么 4. 为什么应聘我们公司？对于我们公司，你最看重什么	• 你喜欢从事什么类型的工作 • 你对工作环境有何要求 • 你期望的薪酬是多少 • 如果这个岗位有出差（或者加班）的要求，你不太期望或者不太方便在什么时间出差（或者加班）？说说原因
组织认同	1. 来应聘之前，你都做了哪些准备 2. 你比较关注我们企业的哪些信息？到目前为止，你了解到什么程度 3. 一个让你比较满意的企业，你对它有哪些期望，比如在工作环境、团队氛围、发展机会等方面 4. 以你现有的了解，你认为我们企业在哪些方面让你感到比较满意？或者哪些地方比较吸引你	

3.3 面试官资格认证及项目案例

企业的面试官队伍来自人力资源部门和用人部门。近些年，用人部门的管理者逐渐成为校园招聘面试官队伍的主力军。但是他们当中大多数人没有接受过招聘和面试相关的培训，所以在担任面试官的时候，会出现一些不专业甚至是错误的操作，例如：

- 不了解招聘岗位所需人才的"人才画像"或者"胜任力要求",导致漫无目的地提问。
- 虽然了解招聘岗位的要求,但是不会提问,或者做不到精准提问,导致面试效率低。
- 提问方式过于直接,或者问了一些不该问的问题,导致求职者的面试体验很不好。
- 在面试细节方面做得很不到位,比如面试礼仪、时间掌控、面试官之间的配合等。

用人部门的面试官往往只关注求职者的学历、专业背景、工作经验等方面,缺乏考查综合素质的经验。为此,越来越多的企业组织提升面试官队伍面试技能的培训,并对参加培训的学员进行考核。只有通过考核的学员才能获得面试官的资格,并参与到各项面试工作中去。

3.3.1 了解面试官认证

为了提升面试官队伍的专业素养,实现"高效招聘和精准识人",企业会组织人力资源部门和用人部门的面试官进行培训。培训结束后,学员较之前的面试水平会有不小的提升,但是为了确保学员的能力达到企业的要求,通常情况下,企业还会组织内外部的面试专家对参加培训的学员进行考核,也就是进行面试官认证。

面试官认证的目的

企业组织面试官培训的目的是：

第一，严把选人关。通过培训，提升面试官队伍的专业能力，包括统一选人的标准和规范面试的行为，从而显著提升选人的效率和质量。

第二，吸引候选人。通过培训，让面试官队伍重视人才、重视招聘，掌握面试中的礼仪，并在面试工作中发现、吸引和留住优秀的候选人。

第三，提升美誉度。在校园招聘中，企业也在对外宣传和推广自己，求职者会对比和评价未来的雇主，因此，一支训练有素的面试官队伍代表了企业风貌，有助于塑造企业的品牌形象，从而提升企业美誉度。

面试官认证的方式

面试官认证通常是安排在培训课程结束后进行。为了考查学员"知行合一"的能力，企业通常采用笔试考核和模拟考核相结合的方式。

所谓笔试考核，即将面试技能培训课程的理论知识和基本常识加以提炼，然后以选择、判断和简答的形式出题，重点考核学员对所学知识要点的记忆和理解程度。

而模拟考核，则重点考核学员如何应用所学的面试技能。关于模拟考核部分，该如何操作呢？举例而言，两位学员为一组，在限定时间内模拟一个面试场景，其中，一位学员扮演面试官，另一位学员扮演求职者。然后两人交换角色。这个模拟过程要求学员必须应用培训课程中所学的面试技能，尽可能地使用培训老师所教授的提问方式，同时也要根据求职者的回答恰当地应对，例如追问细节。在模拟考核部分，来自企业内外部的面试专家会观察和评价学员的表现，并对学员的表现进行打分。

如果面试官认证满分是100分，通常情况下，模拟考核的分值占比会大于笔试考核。

面试官认证的标准

因为企业更加关注学员"学以致用"的能力，所以在认证过程中，面试专家（评委）会重点考查学员的实际操作能力，如表3-32所示。

表3-32　面试官认证评分表

学员姓名	模拟面试评分项			实际得分
	精准提问	有效追问	时间掌控	

评分项中关于"精准提问""有效追问"和"时间掌控"的解释如下。

精准提问：扮演面试官的学员必须采用行为面试法进行提问，在整个模拟过程中聚焦所考查的内容进行提问，做到不偏题，不跑题。

有效追问：针对求职者的回答，扮演面试官的学员进行追问，其目的是搜集与考查内容相关的信息，一步一步逼近真相。

时间掌控：扮演面试官的学员必须在限定时间内完成模拟面试，整个过程要衔接紧密。通常情况下，模拟一个场景应控制在10分钟以内。

为了助力学员取得更好的认证成绩，面试专家（评委）会给出一些建议，例如：

- 把控好面试节奏，避免超时。
- 可以适时打断求职者，避免对方偏题、跑题、啰唆。
- 发现求职者所列举的事例质量不高时，及时要求其换一个。
- 针对求职者的特点，比如性格、沟通风格等，采用灵活的方式与其沟通。

3.3.2 面试官认证项目案例

接下来，以一个有代表性的面试官认证项目为例，详细说明在开展校园招聘之前，企业如何提升面试官队伍的专业能力。

自2021年至2024年，国内一家知名工程机械制造企业（以下简称"A企业"）组织全集团范围内的面试官参加面试技能培训，并进行面试官资格认证。由于参训的学员人数较多，A企业采用分批次的方式进行培训，每批学员80～100人，每批次培训和认证的时间是3天。

参训学员的背景

参训学员主要来自人力资源部门和用人部门。来自用人部门的学员人数几乎占到全体总人数的90%。由于A企业属于机械制造行业，所以其绝大多数学员都有技术背景，他们来自研发、生产、售前和售后技术支持岗位。另外，A企业在海外积极拓展市场，参训学员中亦有来自负责营销业务的管理者。

面试官认证项目的时间安排

该项目每批次为期三天，其中两天用于培训学习，一天用于认证考核。为了确保学员充分地理解和消化所学知识，在第一天或者第二天的晚上还会酌情增加1～2小时的辅导。在第二天培训结束时，项目组织方会将学员分好小组并安排好认证的出场顺序；在第三天，所有学员按照事先安排有条不紊地参加认证。

培训的主要内容

培训内容侧重于面试官认证考核实操，旨在实现学员能够学以致用。整个培训内容的设计注重理论与实践相结合，主要包含以下四个部分。

第一,"面试理论知识",主要讲解什么是招聘体系、面试官的重要性、冰山模型原理和常见的面试误区等内容。因为A企业事先强调避免将培训课做成理论课,所以我们仅挑选了非常重要的理论知识进行讲解,没有占用过多的培训时间。

第二,"面试精准识人",主要讲解在校园招聘或者社会招聘过程中,如何通过精准提问快速考查和判断求职者的基本信息、过往经历和工作经验,以及工作主动性和责任心,团队合作与沟通协调能力,心理素质和抗压能力,问题分析与解决能力,学习与创新能力、灵活应变与适应能力,等等。

第三,"面试技能提升",主要讲解行为面试法与追问技巧。培训的目的是当遇到具有丰富的求职经验的候选人时,发现并判断对方的真实能力水平,避免被对方误导或者欺骗。

第四,"雇主品牌提升",主要讲解在招聘过程中,面试官的行为规范及企业要求,以及如何提升求职者对企业的好感乃至认同感,从而在招聘市场中宣传企业品牌形象。

为了凸显"重实战、轻理论"的特点,在两天的培训中,老师重点讲授了"面试精准识人"与"面试技能提升"两部分,并且在授课过程中添加了丰富的视频和文字案例以增强培训的趣味性和实用性。

认证环节

在第二天的培训结束前,A企业会组织参训学员完成笔试考核。待第三天认证成绩出来之后，笔试成绩和认证成绩的总和就是每位学员的最终成绩。

参加完两天系统且实战性强的培训后，学员们的面试技能有了显著提升。在项目的第三天，学员会按照事先安排好的出场顺序参加认证，以小组为单位模拟真实的面试场景。

在每组学员完成模拟面试后，现场的面试专家（评委，通常是该项目的培训老师和外聘专家）将对学员的表现进行点评。增加点评环节的目的是：

- 面试专家会指出每位学员在模拟面试中的不足之处，并让学员反思自己出错的原因。
- 面试专家会给出操作建议或者正确示范，有助于学员加深对所学内容的理解和应用。

待所有学员完成认证，项目组织者会汇总成绩，并给通过考核的学员颁发面试官资格证书。

培训成果与展示

通过组织多批次的培训学习，A企业面试官队伍的专业能力有了显著提升。在培训过程中，学员将所学的理论和实践相结合，梳理并总结了大量的培训成果，例如：

- 优化了校园招聘的面试评分表。

- 规范了校园招聘的面试问题库。
- 为一些招聘岗位设计了面试问题库。
- 为考查一些通用能力设计了面试问题库。

下面精选部分培训成果进行展示，如表 3-33、表 3-34 所示。

表 3-33　校园招聘技术岗位面试评分表

学生编号	评价维度					
^	专业素质	综合素质				
^	• 教育背景 • 专业知识 • 实习经历	自主学习	严谨细致	团队合作	抗压能力	求职动机
001						
002						

表 3-34　校园招聘技术岗位面试问题库

评价维度		面试问题
专业素质	教育背景	1. 请用 1 分钟时间简单介绍你自己，重点说说你的教育背景和在校经历 2. 你是否喜欢自己所学的专业？为什么 3. 你对自己的学历是否满意？为什么
^	专业知识	1. 请结合所应聘的岗位，说说自己有哪些专业方面的优势 2. 在校期间，你的专业课学习成绩如何？在同学中处在什么水平
^	实习经历	1. 有哪些实习经历 2. 是否有与应聘工作相关的实习经历 3. 举例说说实习工作中有哪些能力得到了提升

（续）

评价维度		面试问题
综合素质	自主学习	1. 在校期间学习成绩如何 2. 是否参加过比赛和竞赛？是否获奖 3. 是否有发明专利？是什么专利 4. 在校期间通过主动学习解决过什么难题 5. 实习期间通过主动学习解决过什么难题
	严谨细致	1. 你是否具备严谨细致的特质？如果是，请举例 2. 分享在校期间或者实习期间，养成了哪些严谨细致方面的好习惯
	团队合作	1. 请列举在校期间或者实习期间最能够证明或体现你对他人谦让、忍让、包容，或者换位思考、理解他人的事例 2. 请列举在校期间或者实习期间最能够证明或体现你主动帮助、辅助、协助、配合他人，或者对他人无私付出的事例
	抗压能力	1. 分享一个在校期间或者实习期间不达目标誓不罢休的事例 2. 为了更好地择业和就业，在校期间你都做了哪些准备？请举例
	求职动机	1. 为了参加今天的面试，你事先做过哪些准备 2. 说说为了未来能够做好这个岗位的工作，你有哪些设想 3. 你能否胜任这个岗位？如果能，说说你的理由，或者为什么我们要选择你 4. 这个岗位能够满足你的期望吗？或者这个岗位能够给你带来什么价值 5. 给你一分钟时间，尽你最大努力让面试官相信你非常希望获得这个机会

CHAPTER 4
第 4 章

成为专业的金牌面试官

4.1 面试官胜任能力模型

每个岗位都有相应的胜任能力要求，面试官也不例外。本节重点讲解面试官的基本能力、关键能力和核心能力，并通过多个面试场景案例说明如何提升面试官追问细节的能力。

4.1.1 什么是面试官的胜任能力

面试官的胜任能力包括三个部分，分别是基本能力、关键能力与核心能力，如表 4-1 所示。

表 4-1 面试官的胜任能力

面试官胜任能力构成	能力解释
基本能力	面试官所需掌握的面试理论知识、面试工具、面试经验等
关键能力	做出精准的面试判断所需的技巧和方法，这涵盖从多个角度搜集信息的能力，以及对求职者所提供的信息进行深度挖掘的能力
核心能力	对面试中所搜集到的信息进行汇总、分类、推理，从而做出精准判断的能力

其中，面试官的基本能力可以在较短的时间内迅速掌握，比如通过自学面试理论知识、阅读面试相关书籍、观摩他人面试或者参加面试技能培训等，因此本书不再赘述。掌握面试理论知识和学会使用面试工具是成为面试官的第一步，几乎所有的面试官

都要经历这个过程。然而，要成为"火眼金睛"的面试官，还要不断训练"关键能力"和"核心能力"。

4.1.2 面试官的关键能力

面试官的关键能力是指做出精准的面试判断所需的技巧和方法，这涵盖从多个角度搜集信息的能力，以及对求职者所提供的信息进行深度挖掘的能力。如何提升面试官的关键能力？答案是：训练追问细节的能力。

为什么要追问细节？

首先，有些求职者不善言辞或者表达能力差，这种情况并不代表他们不具备岗位所需的能力。这时候需要面试官耐心细致地追问，发现他们的真实能力。在没有追问的情况下就贸然淘汰求职者的做法并不可取。

其次，有些求职者擅长表达，他们中某些人有意或无意地夸大了事实，也就是回答的内容有"水分"。面试官不能仅凭怀疑就贸然判断，而是需要耐心细致地追问，进而分辨哪些是真实的，哪些是虚假的，最终对求职者的能力做出客观判断。

总而言之，追问细节有助于面试官得出客观、公正的结论。这体现出面试官对求职者负责任的态度。

既然面试的过程中追问细节如此重要，那么如何提升面试官追问细节的能力呢？接下来，我将通过两个面试场景案例来进行说明。

面试场景案例 1

面试官:"组织农民会遇到过最大的困难是什么?结果是什么?"

求职者:"在上个月 15 日,我要组织一场地瓜作物的农民会。会议现场布置得非常好,可是农民会就是组织不起来,原因是农忙时间大家都比较忙。即使这样,原来预计只有 50 人参加会议,最后线下有 65 人参加,同时线上还有 500 人参加。"

面试官:"遇到这样的困难,当时你是如何协调解决的?"

求职者:"当时农民们确实都在农忙,没有时间参加会议,因此零售商也一直在打退堂鼓。在这种状况下,我就想现场布置得这么好,先带零售商去看看现场。同时我跟他讲,(专门带你过来)不仅仅是为了看看现场,这个地区的销量要翻番,一定要有更多农户加入我们。我们把看现场的意义和好处跟他讲透以后,他也愿意尝试。接下来还遇到一个问题,就是农民没时间。我们就一起讨论能不能分批召开。另外,我们通过送小礼品来吸引农民参加农民会。考虑到有些农民确实没时间参加,我们还录制了视频,并在当天晚上召开线上直播会议。不仅本地的零售商参加了,周围几个区域相同作物的零售商也都参加了,参加人数最终超出了我的预期。这次会议后,零售商信心十足。最后,在这个区域我们的销量超出了原来的预期。"

面试案例分析

这是一个需要针对回答内容的真实性进行追问的案例。虽然求职者声称解决了工作中的难题,但是在回答中,她频繁使用"我们"作为主语,例如:

- 我们把看现场的意义和好处跟他讲透以后……
- 我们就一起讨论能不能分批召开。
- 我们通过送小礼品来吸引农民参加农民会。
- 我们还录制了视频……

到底是"我们"解决了工作中的难题,还是由"我"解决了工作中的难题?为了避免误判,面试官需要进一步追问,如表 4-2 所示。

表 4-2　针对回答内容的真实性进行追问

回答内容	面试追问
我们把看现场的意义和好处跟他讲透以后……	1. "我们"指的是谁 2. 谁主要负责跟他沟通 3. 如果是你负责沟通,具体说说你是怎么给他"讲透"的
我们就一起讨论能不能分批召开	1. "我们"指的是谁 2. 都讨论了什么 3. 是谁提出可以"分批"(组织)的

(续)

回答内容	面试追问
我们通过送小礼品来吸引农民参加农民会	1. "我们"指的是谁 2. 准备了什么小礼品 3. 是谁提议送小礼品的 4. 谁来落实送小礼品这件事情
我们还录制了视频……	1. "我们"指的是谁 2. 录制视频是谁的提议 3. 谁来落实录制视频的事情 4. 这个提议起到了什么效果

通过上述追问，面试官可以了解到求职者在组织活动和解决难题的过程中的角色和贡献，进而判断回答内容的真实性和求职者的真实能力水平。

面试场景案例2

面试官：请说说在实习期间，让你印象最深刻的工作任务是什么？

求职者："那是我第一次参加实习的经历。入职后的第三天，人力资源部门的同事就安排我进入一个项目组，该项目隶属于房地产咨询部。一方面我对房地产行业不太了解，另一方面项目经理的要求很高，所以我经常加班到晚上11点，而且周六、周日也会加班。让我印象深刻的任务是协助项目经理修改绩效制度。当时经理仅仅给我一个其他项目的绩效制度作为参考，而我缺乏经验,不知道哪些可以改,哪些可以照抄,怕出错。连续好几天,我感到既焦虑又无助,也挨了很多骂。好在我坚持下来了,我的确在他的要求下成长了很多。"

面试案例分析

这是一个需要针对抗压能力进行追问的案例。求职者描述自己承受了较大的工作压力,比如适应新的工作环境、高频率地加班、被领导训斥,等等。但是,求职者的表述并不具体,使用了很多虚词,比如"要求很高""经常加班""感到既焦虑又无助""挨了很多骂""成长了很多"。

基于求职者的回答,可以针对她的抗压能力进行追问,如表4-3所示。

表4-3 针对求职者的抗压能力进行追问

回答内容	面试追问
项目经理的要求很高	1. 为什么说项目经理的要求很高 2. 具体说说他的要求"高"在哪里
我经常加班到晚上11点,而且周六、周日也会加班	1. 你说的"经常"加班,这个"经常"是什么意思 2. 为什么频繁地加班,甚至周六、周日也不休息呢 3. 加班的过程中都做了什么 4. 加班的结果如何 5. 大家都在加班吗

（续）

回答内容	面试追问
我感到既焦虑又无助，也挨了很多骂	1. 因为什么事情感到"焦虑" 2. "焦虑"下的状态如何 3. 如何度过"焦虑"期 4. 是谁骂你 5. 为什么骂你 6. 为什么总是骂你 7. 他骂你的原话是怎么说的呢
我的确在他的要求下成长了很多	1. "他的要求"，他是谁 2. "他的要求"，什么要求 3. "成长了很多"，哪些方面获得了成长 4. 为什么说成长了"很多"

通过追问，面试官可以完整地还原求职者所描述的场景，进而判断回答内容是否有夸张的成分。同时，针对求职者多次使用虚词的地方进行追问，面试官可以精准地判断其在抗压能力方面的真实水平。

4.1.3 面试官的核心能力

面试官的核心能力是判断力，即对面试中所搜集到的信息进行汇总、分类、推理，从而做出精准判断的能力。在面试过程中，要做到客观判断，面试官需要尽可能地搜集有助于做出客观判断的信息，比如针对求职者回答的内容进行深入挖掘。因此，追问细节是做出精准判断的必要条件。

针对校园招聘场景，企业一方面要对面试官进行培训以丰富他们的面试经验，另一方面还要引入测评工具来辅助面试，这将有助于面试官做出更加精准的判断。

4.2 规范面试官的行为

面试是一个双向选择的过程，企业选人，人也在选企业。职业素养比较高且面试行为比较规范的面试官往往会赢得求职者的尊重和好感，反之，那些不注重求职者的面试体验和面试行为不规范的面试官往往会损害企业形象，甚至造成恶劣的影响。本节重点讲解企业对面试官的行为有哪些具体要求。

4.2.1 规范面试行为的重要性

为什么要规范面试官的行为？

首先，面试官是企业形象的代表，是企业对外宣传的重要"窗口"。在校园招聘中，考生对企业的认知主要来源于面试官。面试官的职业素养，尤其是他们的一言一行，会直接影响考生对企业的感受和评价。

其次，在就业市场上，来自社会的监督促使企业必须规范面试官的行为。在每年的校园招聘期间，有成百上千万名学生涌入就业市场，企业意识到整个招聘工作的开展以及面试官的言行举止都会受到校方、学生家长和社会媒体的监督，因此须格外重视整个招聘工作的规范性。

4.2.2 面试官行为规范

面试官行为规范是指在面试活动中，企业对面试官的形象气质、言行举止等方面的各项要求，例如与求职者互动时有礼有节，对求职者进行提问、给出反馈和解答疑问时保持客观和严谨的态度。那么，面试官行为规范体现在哪些方面呢？

- 着装要求：面试官面试时需要着正装，或者身穿工作服，不能穿戴休闲服饰。在面试之前，面试官需要检查自己的着装是否干净整洁，以避免给求职者留下不好的印象。
- 形象要求：因为面试官代表着企业的形象，所以在面试之前，面试官需要检查自身的仪容仪表。男性面试官尤其要打理好头发和胡须，女性面试官要留意头发和面部妆容。如果有握手环节，面试官需要保持手部清洁卫生。
- 时间要求：在面试当天，面试官需要提前到达现场，严禁迟到。在面试的时候，面试官要控制好节奏，避免超时或过早结束，尽可能按照规定的时间进行面试。
- 礼貌待人：因为面试官与求职者是地位平等的，所以面试官在言行举止方面应做到有礼有节，不可以盛气凌人或者对求职者过分挑剔。如果企业设计了压力面试环节，面试官应把控好压力面试的强度，避免使求职者产生不好的体验。

- 面试话术：在面试开始和结束时，面试官要采用事先准备好的话术，包括欢迎辞、问候语和道别辞等。此外，在介绍企业时也需要用到话术。
- 情绪控制：在面试过程中，面试官要对来自外界的干扰有心理准备，避免自己的情绪受到影响，如工作压力或者突发事件等。面试官也不能因为个别求职者的表现（比如有的求职者会不尊重面试官）而产生情绪波动，要保持稳重、平和及严谨的态度。
- 应变能力：在面试现场可能会出现各种突发事件，导致面试受到影响或者中断，面试官需要快速应对，尽最大努力确保面试工作顺利进行。如果遇到求职者情绪失控，面试官应尽快平复对方的情绪；如果遇到求职者突发身体不适，面试官应尽可能协同校方或其家长采取紧急应对措施；如果遇到突发自然灾害，面试官应确保求职者尽快避险。
- 协同配合：如果有多位面试官参与面试，面试官之间需要明确分工。假如出现分歧，应避免在求职者面前争执，可待考生离场后，再进行商议。
- 面试禁忌：以下行为是面试中的禁忌，比如承诺满足求职者的某些要求，频繁打断求职者发言，询问求职者个人隐私问题，与求职者讨论宗教、政治等敏感话题，以及出现种族歧视和性别歧视等不当言论。

除了上述各项行为规范要求，以下内容也需要面试官给予足够的重视：

- 不要点评求职者的表现。
- 不要对求职者进行批评。
- 不要试图教育求职者或者改变求职者的想法。

总之，面试官的行为规范体现在：以面试评分表的评价维度为出发点，按照事先准备好的问题和话术进行面试，不做任何与面试无关的动作，注重求职者的面试体验，并在规定时间内完成面试工作。

4.3 面试官的自我修炼

面试官不仅是一个岗位的名称，还是一种身份的象征。能够担任面试官的人，通常在某个岗位上积累了丰富的从业经验，具备全面的综合素质和素养，以及良好的人格和品质。只有这样的人，才能够成为企业认可的面试官。正因为如此，面试官需要对自己严格要求，在招聘和面试方面不断学习和实践，从而由内而外地体现出"专业"二字。

4.3.1 面试技能是基础

熟练掌握面试技能是成为专业面试官的基础，本书重点讲解了以下面试技能。

- 行为面试法：在面试过程中，面试官应尽可能多考查求职者过去的经历，让他们列举已经发生的或者过去所经历的事例，尽可能少问假设性、引导性或者理论性的问题。
- 面试追问：在求职者回答问题的过程中，尤其是他们举例的时候，面试官要围绕考查的重点有针对性地追问细节。在没有追问的情况下就轻易做出判断，往往可能导致误判。
- 面试观察：很多考查项目需要面试官一边提问一边观察，才能做出比较精准的判断，在考查沟通能力、团队合作能力、执行力、严谨细致、阳光心态、应变能力、抗压能力的时候都需要观察求职者的临场表现。
- 情境模拟：通过情境模拟的方式，能够较为直观地发现求职者的真实能力水平。求职者表述得再好，也不代表他一定具备胜任岗位的能力。用情境模拟方式考查求职者往往更有说服力，比如面试官让求职者模拟应对一起客户投诉事件，或者模拟拜访陌生客户，或者模拟向领导汇报工作，等等。

以上是日常面试中使用得较为频繁的面试方法，也是成为专业面试官需要具备的基本功。只要经常使用这些方法并勤加练习，面试官的判断能力就会显著提升，进而成为"精准识人"的专家。

4.3.2 内在修养是根本

说到面试官的内在修养，似乎感觉只可意会，不可言传。其实，专业面试官所应具备的内在修养主要体现在以下三个方面。

第一，对面试工作有比较深刻的理解。专业面试官首先要做到为企业严把选人关，这是他们的职责所在。在面试现场，他们不会因为对求职者的好恶而影响面试结果。专业面试官非常重视求职者的面试体验，在言行举止等方面处处体现出对求职者的尊重。

第二，对面试工作抱有浓厚兴趣，并愿意投入时间和精力。专业面试官愿意投入时间和精力学习和研究面试的学问，他们不会死记硬背理论知识，而是模拟或亲身参与各种面试场景。在实践过程中，专业面试官会逐渐形成一套比较成熟的面试方法论，并在后续的面试工作中不断加以完善，并积累自己的面试经验。

第三，不仅能面试别人，还能做到严于律己。有些面试官把自己视为法官或者判官，在面试的时候表现出高高在上、俯视求职者的姿态。他们在面试中对求职者过分挑剔，对自己却没有要求，这样的面试官并不具备过硬的职业素养。专业面试官会这样思考问题，即"要考查求职者是否优秀，首先要让自己变得优秀"。为此，他们会身体力行，在日常工作和生活中努力提升自身的素质。专业面试官这种"知行合一"的理念有助于发现真正优秀的人才！